大学生思想政治理论课辅学系列

思想道德与法治实践教程

策　划　张大能
主　编　杨雅萍　潘红君　叶　双
副主编　李泳敏　张翔宇　杨素文
　　　　蒋国宏
参　编　关　彤　李佳容　钟婷婷
　　　　曾小玲　邢静静　陈利平

北京
国家行政学院出版社

图书在版编目（CIP）数据

思想道德与法治实践教程 / 杨雅萍, 潘红君, 叶双主编. — 北京：国家行政学院出版社, 2023.12
ISBN 978-7-5150-2620-6

Ⅰ.①思… Ⅱ.①杨… ②潘… ③叶… Ⅲ.①思想修养—高等学校—教材②法律—中国—高等学校—教材 Ⅳ.①G641.6②D920.4

中国国家版本馆CIP数据核字(2023)第219141号

书　　名	思想道德与法治实践教程 SIXIANG DAODE YU FAZHI SHIJIAN JIAOCHENG
作　　者	杨雅萍　潘红君　叶　双　主编
责任编辑	刘　锦　陈　科
责任校对	许海利
责任印制	吴　霞
出版发行	国家行政学院出版社（北京海淀区长春桥路6号 100089）
综 合 办	（010）68928887
发 行 部	（010）68928866
经　　销	新华书店
印　　刷	河北鹏润印刷有限公司
版　　次	2023年12月第1版
印　　次	2023年12月第1次印刷
开　　本	185毫米×260毫米　　16开
印　　张	10
字　　数	182千字
定　　价	36.00元

本书如有印装问题，可联系调换。联系电话：（010）68929022

前言 FOREWORD

2019年3月，习近平总书记在学校思想政治理论课教师座谈会上指出："要高度重视思政课的实践性，把思政小课堂同社会大课堂结合起来，在理论和实践的结合中，教育引导学生把人生抱负落实到脚踏实地的实际行动中来，把学习奋斗的具体目标同民族复兴的伟大目标结合起来，立鸿鹄志，做奋斗者。"为此，我们编写了这本《思想道德与法治实践教程》。

"思想道德与法治"课程是一门集思想性、政治性、科学性、理论性、实践性于一体的思想政治理论课程，主要讲授马克思主义的人生观、价值观、道德观和法治观，社会主义核心价值观与社会主义法治建设的关系，帮助学生筑牢理想信念之基，培育和践行社会主义核心价值观，传承中华优秀传统美德，弘扬中国精神，尊重和维护宪法权威，提升学生的思想道德素质和法治素养。

本书是高等教育出版社出版的《思想道德与法治(2023年版)》的配套用书。通过对本书的学习，有助于大学生领悟人生真谛，把握人生方向，追求远大理想，坚定崇高信念，继承优良传统，弘扬中国精神，培育和践行社会主义核心价值观，做新时代的忠诚爱国者和改革创新的生力军；有助于大学生遵守道德规范、锤炼道德品格，把正确的道德认知、自觉的道德养成和积极的道德实践紧密结合起来，引领良好的社会风尚；有助于大学生学习法治思想、增进法治意识、养成法治思维，全面把握社会主义法律的本质、运行体系，理解中国特色社会主义法治体系和法治道路的精髓，更好地行使法律权利、履行法律义务，做到自觉尊法、学法、守法、用法，从而具备优秀的思想道德素质和法治素养。

本书包括绪论"担当复兴大任，成就时代新人"和以下六章内容：领悟人生真谛，把握人生方向；追求远大理想，坚定崇高信念；继承优良传统，弘扬中国精神；明确价值要求，践行价值准则；遵守道德规范，锤炼道德品格；学习法治思想，提升法治素养。

每章均设有知识网络、学习目标、理论要点、答疑解惑、实践项目、经典故事、习题练习等模块。其中，实践项目模块中的"视频分享""学思践悟"将本课程实践教学项目置于其中，使本书具有较强的针对性、指导性和实用性。同时，本书还利用了现代信息技术手段，把经典故事和习题答案通过二维码方式呈现在读者面前，增强了本书的时代感。

本书由张大能策划，由杨雅萍、潘红君、叶双、李泳敏拟定编写大纲，由杨雅萍负责统稿，最后由张大能定稿。具体编写分工如下：前言由张大能编写，绪论由张翔宇编写，第一章由杨雅萍、叶双编写，第二章由关彤、钟婷婷编写，第三章由李泳敏、邢静静编写，第四章由杨素文、曾小玲编写，第五章由张翔宇、潘红君编写，第六章由李佳容、陈利平、蒋国宏编写。

本书在编写过程中参考了许多专家学者编写的文献资料，也查阅了大量网络资料和相关书籍内容，在此向文献作者表示诚挚的谢意。由于编者水平有限，书中疏漏与不当之处在所难免，敬请广大读者批评指正。

张大能

2023 年 8 月

目录 CONTENTS

绪论　担当复兴大任　成就时代新人 ··· 1

　　项目一　视频分享 ··· 5
　　项目二　学思践悟——我的大学生涯规划 ································· 9

第一章　领悟人生真谛　把握人生方向 ·· 17

　　项目一　视频分享 ··· 21
　　项目二　学思践悟——领略青春风采　感悟人生真谛 ·············· 25

第二章　追求远大理想　坚定崇高信念 ·· 37

　　项目一　视频分享 ··· 44
　　项目二　学思践悟——见证初心和使命的"十一书" ··············· 47

第三章　继承优良传统　弘扬中国精神 ·· 59

　　项目一　视频分享 ··· 64
　　项目二　学思践悟——讲好中国故事　弘扬中国精神 ·············· 69

第四章　明确价值要求　践行价值准则 ·· 83

　　项目一　视频分享 ··· 90
　　项目二　学思践悟——践行社会主义核心价值观　争做最美大学生 ········ 95

第五章　遵守道德规范　锤炼道德品格 ······································ 107

　　项目一　视频分享 ··· 110
　　项目二　学思践悟——开展志愿活动　服务老年群体 ············ 115

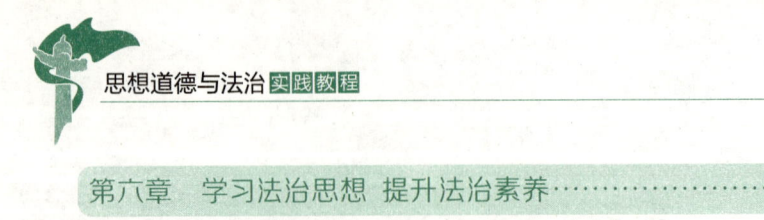

第六章　学习法治思想 提升法治素养 …………………………………… 127
  项目一　视频分享 ……………………………………………………… 132
  项目二　学思践悟——学宪法 讲宪法 ………………………………… 137

绪论

担当复兴大任 成就时代新人

知识网络

绪论
- 我们处在中国特色社会主义新时代
  - 新时代的基本内涵
  - 新时代的历史意义
- 新时代呼唤担当民族复兴大任的时代新人 —— 立大志、明大德、成大才、担大任
- 不断提升思想道德素质和法治素养 —— 思想道德和法律的关系

学习目标

通过对绪论部分的学习，大学生能够了解中国特色社会主义进入新时代这一新的历史方位。新时代为大学生成长成才、勤学报国提供了广阔的舞台和无限的机遇。大学生能够领悟时代新人要以民族复兴为己任，以有理想、有本领、有担当为根本要求，以立大志、明大德、成大才、担大任为自身使命，通过提升自身思想道德素质与法治素养，成为中国特色社会主义事业的合格建设者和可靠接班人，成为新时代的奋进者、开拓者、奉献者。

理论要点

新时代是中国特色社会主义新的历史方位，在充分理解其内涵和意义的同时，以习近平新时代中国特色社会主义思想为指导，以党的二十大精神为指引，结合当代青年关于思想道德与法治素养成长的需要，培育有理想、敢担当、能吃苦、肯奋斗，堪当民族复兴大任的新时代好青年。

答疑解惑

1. 新时代的"变"与"不变"是什么？

习近平总书记在党的十九大上庄严宣告：中国特色社会主义进入了新时代。在国家发展进入新的历史方位之际，在新时代开启的伟大征程中，深刻准确地把握党和国家改革发展的"变"与"不变"，对全面贯彻落实党的十九大、二十大精神、承担新使命、奋斗新目标、开启新征程具有重大的现实意义和深远的历史意义。

"变"与"不变"，本身就是一对哲学命题。唯物史观认为，事物是不断变化的，社会是在变化中前进和发展的。凡是适应时代的潮流，引领时代的发展，符合人民群众的意愿，代表社会发展的方向，这样的变化就都是积极的、向上的、蓬勃的；反之，则是消极的、没落的、萎缩的。辩证法认为，变才是永恒的不变。同时，事物本质的内在规定性是不变的，具有稳定性、长期性和坚韧性。

（1）社会主要矛盾变了，但基本国情没有变。唯物辩证法认为，事物是由矛盾构成的。在诸多矛盾中，处于支配地位、对事物发展起决定作用的矛盾就是主要矛盾。毛泽东的光辉巨著《矛盾论》揭示了事物发展的普遍规律性认识，是指导我们实践，发现问题、分析问题、解决问题的思想基础。习近平总书记一直强调的问题意识，同样具有重大的认识论和方法论意义。党的十九大明确指出社会主要矛盾的变化：从党的十一届六中全会提出的"人民日益增长的物质文化需要同落后的社会生产之间的矛盾"转变为"人民日益增长的美好生活需要和不平衡不充分的发展之间的矛盾"。社会主要矛盾的变化是关系全局的历史性变化，但我们必须认识到，我国社会主要矛盾的变化没有改变我们对我国社会主义所处历史阶段的判断，即我国仍处于并将长期处于社会主义初级阶段的基本国情没有变，我国是世界上最大发展中国家的国际地位没有变。这是我们行动的前提和基础，必须毫不动摇地予以坚持。

（2）战略目标变了，但初心和使命没有变。战略问题，是关系全局的大问题；战略目标，是引领全局的标志和导航。习近平总书记在党的十九大报告中以强烈的使命担当和坚定如山的气魄，将基本实现社会主义现代化的战略目标提前了15年，同时明确从2035年到本世纪中叶，把我国建成富强民主文明和谐美丽的社会主义现代化强国。为达到更为远大的目标，共产党人立足为中国人民谋幸福，为中华民族谋复兴的初心和使命，已经成为激励中国共产党人不断前进的根本动力。永远保持与人民同呼吸、共命运、心连心的鱼水深情，永远把人民对美好生活的向往作为奋斗目标，以永不懈怠的精神状态和一往无前的奋斗姿态，朝着实现中华民族伟大复兴的宏伟目标的方向奋勇前进。

（3）指导思想与时俱进了，但对思想指南根基的坚守没有变。新修订的《中国共产党章程》指出，中国共产党以马克思列宁主义、毛泽东思想、邓小平理论、"三个代表"重要思想、科学发展观、习近平新时代中国特色社会主义思想作为自己的行动指南。习近平新时代中国特色社会主义思想，是马克思主义中国化最新成果，是党和人民实践经验和集体智慧的结晶，是中国特色社会主义理论体系的重要组成部分，是全党全国人民为实现中华民族伟大复兴而奋斗的行动指南。它的根基是马克思主义，是中国化的马克思主义。1921年，中国共产党人把马克思主义的种子种在中国广袤的大地上，这些种子吸吮着中华优秀传统文化的营养，沐浴着中国革命和社会主义建设的雨露和阳光，经历风雨雷电，在与帝国主义、封建主义、官僚资本主义和各种社会思潮斗争中，始终扎根中国大地，始终坚守马克思主义基本原理，始终与中国的斗争实践相结合，接受人民的哺育，接受伟大斗争考验，不断成长壮大。如今已经长成参天的理论大树，成为实现中华民族伟大复兴中国梦的行动指南。

（4）党的建设总要求与时俱进了，但全面从严治党的科学论断没有变。新时代党的建设总要求中强调，坚持和加强党的全面领导，突出以党的政治建设为统领。党的政治建设是党的根本性建设，把政治建设摆在党的各项建设的首位，巩固党的思想建设的基础性地位，这是不断提高党的建设质量的前提和基础。全党要坚定执行党的政治路线，严格遵守政治纪律和政治规矩，在政治立场、政治方向、政治原则、政治道路上同党中央保持高度一致。同时，坚持党要管党，全面从严治党，而且全面从严治党永远在路上。着力加强党的长期执政能力建设、先进性和纯洁性建设，以坚定理想信念宗旨为根基，以调动全党积极性、主动性、创造性为着力点，努力把党建设成为始终走在时代前列、人民衷心拥护、勇于自我革命、经得起各种风浪考验、朝气蓬勃的马克思主义执政党。

综上，主要矛盾、战略目标、指导思想和党的建设总要求四个方面的变化，勾勒出新时代党面临的新的光明前景；社会主义初级阶段的基本国情、中国共产党人的初心和使命、思想指南的根基与全面从严治党科学论断的不变，进一步昭示了中国共产党人崇高的马克思主义信仰、坚定的中国特色社会主义的信念和一往无前的信心。不断适应新的变化，不断迎接新的挑战，更加彰显了马克思主义政党的政治特质，是马克思主义"实事求是"思想灵魂在中国具体实践中的生动体现。在顺应变化的潮流中引导潮流、创造潮流，在"不忘初心、牢记使命"的坚守中不断变革、不断自我革命，进而激发蓬勃的力量，引领中国特色社会主义伟大事业的航船破浪前行、行稳致远。

2. 如何理解"时代新人"？

从唯物辩证法角度来看，虽然中国特色社会主义进入了新时代，但并不是每个中国人都能自然而然地成为"时代新人"。那么，什么样的人才能算是"时代新人"？回溯中华民族从站起来、富起来到强起来的奋斗历程，其中无数优秀中华儿女的人生画卷，为解读"时代新人"这一全新命题提供了鲜活的范例。

（1）"时代新人"要有坚定的理想信念。恰如五四时期的陈独秀、李大钊、毛泽东、周恩来等人，他们之所以能引领风气之先，凭借的就是理想信念的力量。早在2013年5月，习近平总书记同各界优秀青年代表座谈时强调："理想指引人生方向，信念决定事业成败。没有理想信念，就会导致精神上'缺钙'。"由此可见，"时代新人"应具有坚定的理想信念，能够将个人理想与中华民族伟大复兴中国梦有机结合起来。

（2）"时代新人"要有担当意识。所谓"担当"，简单而言，就是要承担自己的社会责任，就如农民的精耕细作、工匠的匠人精神、知识分子的"修齐治平"。对于普通人的日常生活而言，担当就是说过的话要认、该做的事要做、该担的责要担、做错的事要承担后果。简言之，担当既是现代社会契约精神的核心，也是个体走向成熟的必然。对于"时代新人"而言，可以不伟大，但绝不能没担当。

（3）"时代新人"要有一技之长。从梁启超、陈独秀、鲁迅、钱玄同、李大钊、杨振声、毛泽东、周恩来、罗家伦、傅斯年、俞平伯等五四运动的亲历者身上可以发现，无论老幼，凡能开风气之先者必是学有专长。而管延安、周东红、胡双钱、孟剑锋等人之所以能够成为大国工匠，贵在其业有专精。由是可知，无论是学有所长，还是业有专精，"时代新人"的一个必要条件就是要有一技之长。

一代人有一代人的使命，一代人有一代人的担当。新时代召唤"时代新人"，新时代造就"时代新人"。

实践项目

项目一　视频分享

视频1　走进新时代

2017年10月18日，习近平总书记在党的十九大报告中作出重大判断："经过长期努力，中国特色社会主义进入了新时代，这是我国发展新的历史方位。"进入新时代，是从党和国家事业发展的全局视野、从改革开放的历程和党的十八大以来5年取得的历史性成就和历史性变革的方位上，作出的科学判断。

这个新时代，是承前启后、继往开来、在新的历史条件下继续夺取中国特色社会主义伟大胜利的时代，是决胜全面建成小康社会、进而全面建设社会主义现代化强国的时代，是全国各族人民团结奋斗、不断创造美好生活、逐步实现全体人民共同富裕的时代，是全体中华儿女勠力同心、奋力实现中华民族伟大复兴中国梦的时代，是我国日益走近

世界舞台中央、不断为人类作出更大贡献的时代。

视频2 时代之问，青春作答

"一个民族只有寄望青春、永葆青春，才能兴旺发达。"中国共产党一经诞生，就把关注的目光投向青年，把革命的希望寄予青年，青年的命运从来都同时代紧密相连。一百多年来，中国青年直面不同的时代之问，这是他们的回答。

一代人有一代人的长征，一代人有一代人的担当。作为新时代中国青年，作为建设社会主义事业的生力军，更需要知难而上，豁得出来、顶得上去、经得住考验，用青春答好时代之问。

【活动方式】

教师将以上视频上传至学习平台，统一组织观看或让学生课后自行观看。观看结束后，学习小组成员在各小组内分享观看感受，要求每个成员都必须参与分享。小组选派代表根据小组成员的发言内容在班级分享，任课教师对其分享内容进行点评和总结。

【活动资料】

视频资源、多媒体教室。

【活动反思】

观后感
题目:
正文:
教师点评:

项目二　学思践悟——我的大学生涯规划

【活动主题】

我的大学生涯规划

【活动目的】

新时代是近代以来中华民族发展的最好时代，也是实现中华民族伟大复兴最关键的时代，对当代大学生来讲是一个最好的时代。大学生进入大学后，只有科学地规划自己的大学生涯，才能够更好地感知新时代、融入新时代，进而推动新时代的发展。所以，大学生要处理好个人理想和中华民族伟大复兴中国梦之间的关系，知道"凡事预则立，不预则废"。大学既是技能教育的继续，更是掌控自己命运的开始，需要作出严肃、周密的人生规划。在新生入学之初进行这样一次活动，让学生尽快度过迷茫期，对大学生活有一个正确的认识和科学规划，确立明确的目标和坚定的信念，在更高层次和更广阔空间寻找适合自己的发展道路，从而坚定理想信念，树立远大志向，助推中国梦的实现。

【活动安排】

1. 任课教师提前1~2周布置实践活动任务，并明确实践活动要求。

2. 学生在1~2周内，初步拟定大学生涯规划，其间可以通过咨询或访谈的形式寻求教师、学长或学姐的帮助。

3. 学生将自己拟定的大学生涯规划提交给任课教师。

4. 任课教师将学生分为若干学习小组（8~10人），让学生在小组内就各自的大学生涯规划展开交流和讨论。

5. 任课教师应引导和鼓励学生积极参加课堂讨论，可采取对话的形式，在师生之间展开关于大学生涯规划的课堂讨论。

6. 以小组为单位推选1名组员，代表小组在课堂上分享大学生涯规划。

7. 任课教师对每一组代表的发言进行点评，并对发言质量较高的学生给予鼓励和表扬。

【活动评价】

活动展示和评比以小组为单位，每个小组讨论交流后，由 1 名代表分享讨论交流情况和自己的规划，教师根据考核评价标准评出等级。

"我的大学生涯规划"考核表

考核评价内容	教师评分	评价标准（满分 100 分）	考核等级
内容条理清晰、观点正确（25 分）		优：≥ 90 分 良：75~89 分 中：60~74 分 差：< 60 分	
体会真切、感悟深刻（25 分）			
有自己独到的想法和见解（20 分）			
字数和格式符合规范要求（20 分）			
其他（10 分）			
教师点评：			

我的大学生涯规划

经典故事

习题练习

一、单项选择题

1.(　　)是我们理解当前所处历史方位的关键词。

A.新思想

B.新举措

C.新格局

D.新时代

2.(　　)和法治素养,是新时代大学生必须具备的基本素质。

A.思想政治素质

B.思想道德素质

C.道德素质

D.个人修养

3."学如弓弩,才如箭镞,识以领之,方能中鹄。"这句话告诉我们要(　　)。

A.有本领

B.有担当

C.有责任

D.有理想

4.大学生在大学阶段的首要任务是(　　)。

A.学习

B.笃实

C.立行

D.修德

5.党的十九大提出了"培养担当(　　)大任的时代新人"的战略要求。

A.国家富强

B.民族复兴

C.社会和谐

D.国富民强

6.青春是用来（　　）的。

A.享受

B.实践

C.奋斗

D.梦想

7.没有崇高的（　　），就会导致精神上的"软骨病"。

A.理想信念

B.精神境界

C.精神追求

D.梦想

8."法律是成文的道德，道德是内心的法律。"这句话是要强调（　　）。

A.法律和道德两种规范调节的领域相同

B.法律和道德两种规范的实现方式相同

C.法律和道德两种规范的实施载体相同

D.法律和道德都具有规范社会行为，维护社会秩序的作用

9.法律和道德是维护社会秩序的两种基本手段，下列关于二者关系的说法中，正确的是（　　）。

A.法律是道德形成的基础，能够为道德规范的制定提供依据

B.凡是道德所反对和谴责的行为，必定是法律所制裁的行为

C.法律的调节更具有广泛性，能够渗透到道德不能调节的领域

D.凡是法律所禁止和制裁的行为，通常也是道德所反对和谴责的行为

10.党的十八大以来，在奋进新时代的伟大实践中，以习近平同志为核心的党中央团结带领全国各族人民实现了第一个百年奋斗目标，即在中华大地上（　　），历史性地解决了绝对贫困问题。

A.全面建成小康社会

B.全面建成现代化国家

C.全面实现共同富裕

D.全面完成脱贫攻坚

二、多项选择题

1. 大学阶段是（　　）形成的关键时期。

A. 世界观

B. 人生观

C. 价值观

D. 婚恋观

2. 新时代意味着中国特色社会主义（　　）不断发展，拓展了发展中国家走向现代化的途径。

A. 道路

B. 理论

C. 制度

D. 文化

3. 大学生应该以（　　）为根本要求。

A. 有理想

B. 有纪律

C. 有本领

D. 有担当

4. （　　）的人生，才是有意义的人生。

A. 有信念

B. 有梦想

C. 有奋斗

D. 有奉献

5. 大学生要有作为中华儿女的骄傲和自豪，不断增强做中国人的志气、骨气、底气，树立正确的（　　）和远大的（　　）。

A. 政治方向

B. 人生志向

C. 价值取向

D. 理想信念

三、判断题

1. 思想政治素质是人们在为实现本阶级利益而进行的精神活动和实践活动中表现出来的素养和能力。　　　　　　　　　　　　　　　　　　　　　　　（　　）

2.在人的成长与发展中，与专业素质相比，思想道德素质和法治素质是次要的。
（　　）

3.大学与成才完全成正比，一流大学出一流的学生，三流大学出三流的学生。（　　）

4.如果把大学比作一个有血有肉的人，那么大学精神就是这个人的灵魂。（　　）

四、简答题

1.新时代的内涵是什么？

2.当代大学生应该具备什么样的素质才能成为担当民族复兴大任的"时代新人"？

第一章

领悟人生真谛 把握人生方向

知识网络

领悟人生真谛 把握人生方向
- 人生观是对人生总的看法
  - 正确认识人的本质
  - 人生观的主要内容
  - 人生观与世界观、价值观
- 正确的人生观
  - 高尚的人生追求
  - 积极进取的人生态度
  - 人生价值的评价与实现
- 创造有意义的人生
  - 辩证对待人生矛盾
  - 反对错误的人生观
  - 成就出彩人生

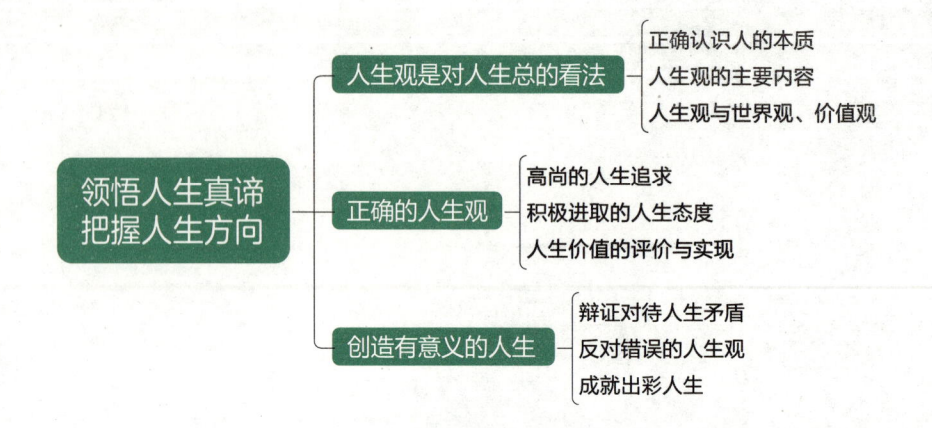

学习目标

通过本章的学习，大学生能够系统掌握关于人生及人生观的基本理论，科学认识"人的本质""人应该怎样生活""什么是有意义的人生"等问题，结合个人实际和社会现实，确立高尚的人生追求，保持积极进取的人生态度，为自己人生价值的实现创造良好的条件；能自觉与各种错误的人生观作斗争，并树立起正确的得失观、苦乐观、顺逆观、生死观和荣辱观，懂得只有树立服务人民、奉献社会的正确人生观，做实践的主体、做生活的强者，为中华民族伟大复兴事业贡献自己的力量，才能成就出彩人生。

理论要点

马克思运用辩证唯物主义和历史唯物主义的立场、观点、方法，解开了人的本质之谜。他指出，"人的本质不是单个人所固有的抽象物，在其现实性上，它是一切社会关系的总和"。

大学时期是世界观、人生观、价值观形成的关键时期。树立正确的人生观，反对错误的人生观，不断提升实现人生价值的能力和本领，开创有意义的人生。

答疑解惑

1. 人的本质是什么？

人的本质是人的社会性、劳动、一切关系的总和。

（1）社会性。19 世纪德国古典哲学家康德和黑格尔虽然指出人的本质应该是人的社会性，但他们所说的社会性仍然是建立在先验理性原则或绝对理念的基础上的。马克思主义认为，人的本质属性不是人的自然属性，而是人的社会属性。没有一定的社会关系，就谈不上人性。人们在一定的社会关系中制造生产工具，从事生产劳动。所以一般来说，人的本质是马克思所说的一切社会关系的总和。在阶级社会中，阶级关系在各种社会关系中占主导地位，所以人性是阶级性的。马克思主义人性论奠定了社会主义教育理论的基础。

（2）劳动。马克思在《1844年经济学哲学手稿》中详细论述了人的本质，指出"一个种的全部特性、种的类特性就在于生命活动的性质，而人的类特性恰恰就是自由的自觉的活动"。这里的人性是指人的本性，而自由自觉的活动是指劳动。换句话说，人性就是劳动。这是马克思从人的实践活动即劳动出发对人的本质的探索。从这个文献中可以看出，马克思对人的对象性活动进行了论述，认为人是一种"类的存在"，人的类本质是一种社会关系。人不是存在于世界之外的抽象物。人的发展离不开生活和成长的自然界。如果离开自然界，便将不复存在。我们应该从人的自然属性和社会属性看待人的本质属性。"劳动是人的本质"是马克思提出的一个重要问题，是对人的主观活动本质的深刻概括。

（3）一切关系的总和。"人的本质不是单个人所固有的抽象物，在其现实性上，它是一切社会关系的总和。"从这里可以看出，马克思是基于社会关系探索人的本质的。这一论断的提出，意味着马克思开始从历史的和现实的社会角度探索人的本质。因此，马克思为我们提供了基于现实生活分析人性的思想，为人的全面发展奠定了坚实的基础。我们需要知道的是，人的本质必须从各种"社会关系"中探索。只有通过反思、实践、再实践，才能准确把握和理解。人的本质不能是没有真人的空谈，它不是由社会关系的某一方面决定的，而是由所有社会关系的总和决定的。

2. 在社会主义市场经济中，"服务人民、奉献社会"过时了吗？

社会主义市场经济鼓励人们追求个人的正当利益，因为只有各市场主体的正当利益得到满足，经济才更有活力。但同时，各市场主体正当利益的满足，不仅有赖于其他人的劳动和付出，而且需要公平有序的市场环境。只有每个个体尽心尽力地为他人、为社会付出应有劳动，才能保证社会主义市场经济的良好运行，个体也才能在为社会发展进步作贡献的同时满足自身利益。因此，服务人民、奉献社会的人生追求与社会主义市场经济并不矛盾，并未过时。

崇高的人生目标必将与奋斗奉献联系在一起。"服务人民、奉献社会"的思想反映了先进的人生追求。它以历史唯物主义关于人民群众是历史创造者的基本观点为理论基础，明确了人在成长和发展过程中应坚定人生目标和方向。一个人只有树立了服务人民、奉献社会的人生追求，才能正确地把握人生奋斗目标和人生价值追求，才能以正确的人生态度对待人生，才能掌握正确的人生价值标准，把实现个人追求与实现党和国家的奋斗目标紧密联系起来，在服务人民、奉献社会的实践中创造人生价值。大学生要把为国家和人民事业无私奉献作为人生的最高追求，在服务他人、奉献社会中成长和进步。

3. 当代大学生是做逃避风霜的"躺平族"，还是做昂扬向上的奋斗者？

"躺平"作为时下兴起的网络热词，与年轻人在面对挫折时选择逃避、放弃和退却有关，虽然个人在法律和道德允许的范围内，选择生活方式的权利应受到尊重，但作为新时代的青年不应将"躺平"作为自己的生活方式。

人在成长的过程中，会面临各种各样的现实压力，甚至会遭遇挫折，用"躺平"的态度主动退却、放弃，并不利于解决问题，反而会使问题变得更加复杂和严重。唯有树立积极面对、主动进取的人生态度，才能够克服前进道路上的种种困难。当代青年正处于探索与奋斗的大好时期，应该发扬自强不息、积极进取的精神，保持年轻人踔厉奋发的心态，在创新创造、孜孜不倦的奋斗中，为实现中华民族伟大复兴贡献强大力量。

崇高人生目标的实现，离不开乐观向上、积极进取的人生态度。走好人生之路，实现人生价值和人生目标，需要大学生在面对各种各样的矛盾和困难时，始终保持正确的人生态度。大学生在人生实践中要立足本职岗位，确立认真务实、乐观向上、积极进取的人生态度，正确认识和处理人生中遇到的各种问题。以认真的态度对待人生，需要大学生严肃思考生命的真谛和人生应有的意义，明确奋斗目标，勇于承担责任；要从人生实际出发，科学看待人生，以脚踏实地、实事求是的态度创造人生；要豁达乐观、热爱生活，对人生充满自信，在生活实践中不断调整心态，磨砺意志，形成乐观向上的人生态度；要以开拓进取的态度迎接人生的各种挑战，积极拼搏，在创新创造中不断勇攀人生的新高峰。

> 实践项目

项目一　视频分享

视频1　《朗读者》："中国肝脏外科之父"吴孟超

从董卿与吴孟超的谈话中得知，尽管吴孟超的手关节处发生了变形，但他的手依然很细腻。他说："这手呢，比脸重要，脸老了无所谓，但这个手所有的感觉要保护好，我有时候开刀，眼睛往上看，手就在底下操作，利用手感做这个手术，你要了解肿瘤的位置和它的结构关系，否则你的手进去乱摸，把好的器官给拿掉了，那就不对了。"

已经96岁的吴孟超，仍坚持在手术台上工作，以无尽赤忱善待患者，以赤子之心对待肝胆外科事业，正是对人生态度、人生价值的最好诠释。

视频2　《信·物》：黄文秀的扶贫日记

有的人走出大山，就没有再回来；有的人却回到大山，再也没有离开。2019年6月17日，黄文秀30岁的生命永远定格在了扶贫路上。黄文秀的日记里，她用心描绘了所在村庄的每一条路、每一户人家，行驶过的扶贫之路，更像是心中的长征，她的足迹深深印在这条路上，她也牺牲在这条路上。

黄文秀用美好的青春诠释了共产党人的初心使命，谱写了新时代的青春之歌，把小我融入大我，实现了人生价值、升华了人生境界。

【活动方式】

教师将以上视频上传至学习平台，统一组织观看或让学生课后自行观看。观看结束后，学习小组成员在各小组内分享观看感受，要求每个成员都必须参与分享。小组选派代表根据小组成员的发言内容在班级分享，任课教师对其分享内容进行点评和总结。

【活动资料】

视频资源、多媒体教室。

【活动反思】

观后感
题目：
正文：
教师点评：

项目二　学思践悟——领略青春风采　感悟人生真谛

【活动主题】

领略青春风采　感悟人生真谛

【活动目的】

青年是时代最灵敏的"晴雨表",青年兴则国家兴,青年强则国家强。习近平总书记非常关心青年的成长,针对青年工作发表了一系列讲话。阅读习近平总书记于2014年5月4日在北京大学师生座谈会上的讲话、2018年5月2日在北京大学师生座谈会上的讲话、2019年4月30日在纪念五四运动100周年大会上的讲话等重要文章,或者阅读《习近平的七年知青岁月》,学习习近平总书记"选择奉献也就选择了高尚"的人生追求和认真、务实、乐观、进取的人生态度,从而树立正确的世界观、人生观和价值观,扣好人生的"第一粒扣子"。

【活动安排】

1.任课教师布置阅读任务,并明确实践活动要求。

2.将学生分为若干学习小组(每组5~7人),并选定1人为小组长,负责小组各项工作。

3.以小组为单位,课后认真阅读指定作品,阅读完成后在小组内对阅读感悟进行讨论和交流。

4.学生通过进一步收集和整理相关资料,结合小组成员的讨论交流情况,撰写读后感。

5.以小组为单位推选1名组员,代表小组在课堂上发言,分享个人及本组的讨论交流情况和读后感。

6.任课教师对学生发言进行点评和总结。

【活动评价】

活动展示和评比以小组为单位,每个小组讨论交流后,由1名代表分享本小组的讨论交流情况和读后感,教师根据考核评价标准评出等级。

阅读报告考核表

考核评价内容	教师评分	评价标准 （满分 100 分）	考核等级
内容条理清晰、观点正确（25 分）		优：≥ 90 分 良：75~89 分 中：60~74 分 差：< 60 分	
体会真切、感悟深刻（25 分）			
有自己独到的想法和见解（20 分）			
字数和格式符合规范要求（20 分）			
其他（10 分）			
教师点评：			

阅读报告

读后感：

经典故事

习题练习

一、单项选择题

1.爱因斯坦说:"一个人对社会的价值,首先取决于他的感情、思想和行动对增进人类利益有多大作用,而不应看他取得什么。"这句话的意思是说,人生的价值首先在于( )。

A.奉献

B.索取

C.存在

D.享用

2.历史上许多先进分子并没有从社会上得到尊重和满足,可他们最大程度地实现了自己的人生价值。这说明,人生价值的本质是( )。

A.个人在社会关系中的存在

B.个人的社会性需要的满足

C.社会对个人的尊重和满足

D.个人对社会的责任和贡献

3.俗话说:"三百六十行,行行出状元。"这句话主要说明( )。

A.人生的价值终究要通过自己所从事的事业展现出来

B.人的创造力形成和培养需要一定的社会条件

C.要正确对待学习和工作中的成功和失败

D.要正确处理个人活动和社会发展的关系

4.在社会生活中,人生实践会体现出一些价值。其中,个体的人生对自身的生存和发展所具有的价值,指的是人生的( )。

A.自我价值

B.群体价值

C.外在价值

D.社会价值

5.人生价值评价的根本尺度,是看一个人的人生活动(　　),是否促进了历史的进步。

A.是否促进了个人的发展

B.是否符合社会发展的客观规律

C.是否促进了生产力的发展

D.是否促进了生产关系的改善

6.人生价值是自我价值和社会价值的统一。人生的自我价值主要表现为(　　)。

A.社会对个人的尊重和满足

B.个体的人生对自己的生存和发展所具有的价值

C.国家对个人的积极评价

D.个人通过劳动、创造为社会和人们所作的贡献

7.下列有关人生价值评价的说法中,正确的是(　　)。

A.个人的能力越强,其人生价值也就越大

B.个人的行为动机越高尚,其人生价值也就越大

C.个人对社会的贡献越多,其人生价值也就越大

D.个人从社会中得到的满足越多,其人生价值也就越大

8.(　　)对个人的思想行动具有鲜明的导向和调节作用。

A.荣辱观

B.生死观

C.顺逆观

D.苦乐观

9."知耻近乎勇""礼义廉耻,国之四维"说的是人生矛盾中的(　　)。

A.苦乐观

B.荣辱观

C.生死观

D.顺逆观

10.人生的社会价值是(　　)。

A.个体对自己生命存在的肯定

B.个体对自己生命活动需要的满足程度

C.个体对自己的尊重和个人的自我完善

D.个体的实践活动对社会、他人所具有的价值

11.马克思说过,只有在社会中,自然界才是他为别人的存在和别人为他的存在。这说明(   )。

A.人的价值就是人自身的存在

B.人可以有限制地创造出自己的价值

C.人生价值的本质是社会对个人的尊重和满足

D.人与自身的任何关系,只有通过人同其他人的关系才能得到实现和表现

12.以下关于"人的本质"的正确观点是(   )。

A.人的本质就是人的自然属性

B.人的本质是自由

C.人的本质是自私

D.人的本质是一切社会关系的总和

13.人们通过生活实践形成的对人生问题的一种稳定的心理倾向和精神状态,称为(   )。

A.人生观

B.人生目的

C.人生态度

D.人生价值

14."人的本质不是单个人所固有的抽象物,在其现实性上,它是一切社会关系的总和。"这句话说明(   )。

A.自然属性是人的本质属性

B.社会属性是人的本质属性

C.自然属性和社会属性都是人的本质属性

D.自然属性和社会属性都不是人的本质属性

15.人生观的作用主要通过人生目的、人生态度、人生价值三个方面体现出来。这三个方面互相联系、互相制约,其中居于核心地位的是(   )。

A.人生目的

B.人生态度

C.人生价值

D.人生价值观

16.一位哲学家说,青春是一种时限货币。当一个人尽情享受这种货币带来的欢乐时,就意味着青春逝去之时,他就沦为了乞丐。这句话蕴含的哲理是(　　)。

A.享乐主义人生观是社会存在的反映

B.及时享乐是享乐主义人生观的本质

C.享乐主义人生观把追求享乐当成人生最大乐趣,对人们具有极大危害

D.享乐主义人生观把个人欢乐建立在别人的痛苦之上

17.人类在脱离动物状态转变为人的过程中,(　　)发挥了决定性作用。

A.劳动

B.工具

C.文字

D.实践

18.把金钱作为衡量人生价值的唯一标准,这是典型的(　　)。

A.享乐主义

B.个人主义

C.拜金主义

D.实用主义

二、多项选择题

1.人生观主要包括(　　)。

A.人生价值

B.人的生活水平

C.人生态度

D.人生目的

2.人生价值是自我价值和社会价值的统一。下列各项中指人生社会价值的有(　　)。

A.个人的社会存在

B.社会对个人的尊重和满足

C.个人的人生对于社会和他人的意义

D.个人通过劳动创造对社会和人们所作的贡献

3."苟利国家生死以,岂因祸福避趋之。"民族英雄林则徐的这句诗体现的人生价值观是(　　)。

A.人生的价值在于对社会的贡献

B.有价值的人生不应考虑个人利益

C.对社会的贡献大小决定了人生价值的高低

D.个人对社会的贡献以社会对个人的尊重为基础

4.人生目的的作用有（　　）。

A.决定世界观

B.决定人生道路

C.决定人生态度

D.决定人生价值标准

5.树立正确的得失观，不要（　　）。

A.拘泥于个人利益的得失

B.满足一时的得

C.惧怕一时的失

D.以积极进取的态度对待得失

6.下列选项中哪些内容代表了拜金主义的人生观（　　）。

A.人为财死，鸟为食亡

B.金钱是万能的

C.今朝有酒今朝醉

D.人人为我，我为人人

7.以下顺逆观中，正确的是（　　）。

A.在顺境中滋生"骄、娇"二字

B.在顺境中自满自足

C.在逆境中激流勇进

D.在逆境中化压力为动力

8.人生观与世界观的关系是（　　）。

A.人生观从属于世界观

B.世界观决定人生观

C.人生观决定世界观

D.人生观对世界观的巩固、发展和变化起着重要作用

9.人生态度大致分为积极进取的人生态度和消极无为的人生态度。大学生应当树立积极进取的人生态度，这是因为积极进取的人生态度（　　）。

A.容易使人好高骛远

B.有助于实现人生价值

C.有助于达到人生目的

D.能够调整人生道路的方向

10.辩证对待人生矛盾,包括树立正确的(　　)。

　A.生死观

　B.得失观

　C.苦乐观

　D.荣辱观

11.确立科学高尚的人生追求,就是确立"服务人民、奉献社会"的人生追求。这是因为一个人确立了"服务人民、奉献社会"的人生追求,能够(　　)。

　A.清楚地把握人的生命历程和奋斗目标

　B.深刻理解人为什么活,应走什么样的人生之路

　C.以正确的人生态度对待人生

　D.掌握正确的人生价值标准

12.幸福是一个总体性范畴,它意味着人总体上生活得美好,(　　)等都是幸福的重要因素。

　A.家庭和睦

　B.职业成功

　C.行为正当

　D.人格完善

13.与人民同在,体现在(　　)。

　A.走与人民群众相结合的道路

　B.向人民群众学习

　C.从人民群众中汲取智慧

　D.做中国最广大人民群众根本利益的维护者

14.客观、公正地评价社会成员人生价值的大小,需要掌握恰当的评价方法,做到(　　)。

　A.坚持能力大小与贡献相统一

　B.坚持物质贡献与精神贡献相统一

　C.坚持完善自身与贡献社会相统一

　D.坚持动机和效果相统一

三、判断题

1. 人生态度决定人生目的。（   ）
2. 个人与社会的关系，最根本的是个人需要与社会需要的关系。（   ）
3. 在处理个人和社会的关系问题上，应主张"主观为自己，客观为别人"。（   ）
4. 服务人民、奉献社会的思想代表了人类社会迄今最先进的人生追求。（   ）
5. 人们通过生活实践形成的对人生问题的一种稳定的心理倾向和基本意图，称为人生态度。（   ）
6. 个人主义是生产资料私有制的产物，是资产阶级人生观的核心。（   ）
7. 大学时代是形成正确人生观的关键时期。（   ）
8. 人生的社会价值是指人对自然界的利用和改造。（   ）
9. "人固有一死，或重于泰山，或轻于鸿毛"，说的是人生矛盾的问题。（   ）
10. 人生的价值和知识的占有成正比。（   ）
11. 一个社会有什么样的风尚，生活于其中的人们就有什么样的荣辱观。（   ）
12. 只有实践才能创造有价值的人生。（   ）
13. 社会主义、集体主义强调个人利益要服从集体利益，归根结底，既是为了维护集体的共同利益，也是为了维护个人的根本利益。（   ）
14. 大学生要在为人民群众服务、实现人民群众利益的过程中实现人生价值。（   ）
15. 人的本质是自由。（   ）
16. 人生目的是对人为什么活着这一人生根本问题的认识和回答。（   ）
17. 个体生命的时间长度是有限的，但为人民服务、为人类进步事业贡献的力量是无限的。（   ）
18. 鲁滨孙在孤岛上脱离社会也能生活下去，因而社会性不是人的本质属性。（   ）

四、简答题

1. 如何确立积极进取的人生态度？

2.人生目的在人生实践中有着怎样的重要作用？

3.正确评价人生价值的方法有哪些？

第二章 追求远大理想 坚定崇高信念

知识网络

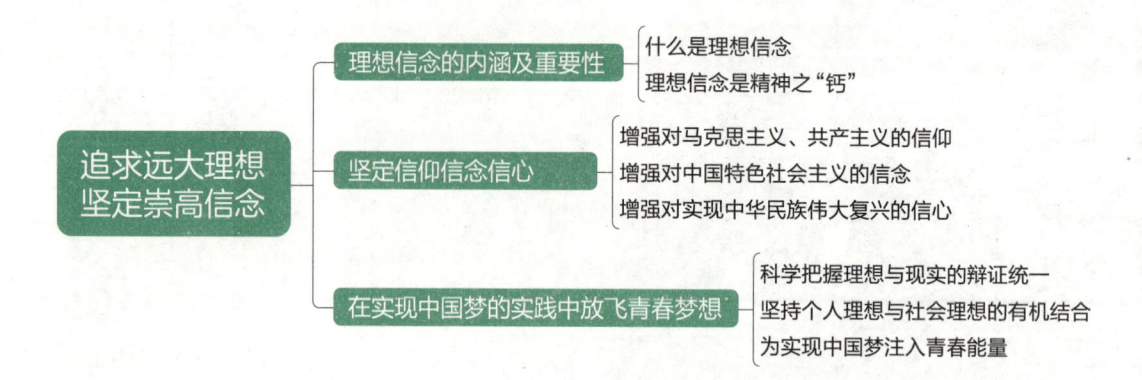

追求远大理想 坚定崇高信念
- 理想信念的内涵及重要性
  - 什么是理想信念
  - 理想信念是精神之"钙"
- 坚定信仰信念信心
  - 增强对马克思主义、共产主义的信仰
  - 增强对中国特色社会主义的信念
  - 增强对实现中华民族伟大复兴的信心
- 在实现中国梦的实践中放飞青春梦想
  - 科学把握理想与现实的辩证统一
  - 坚持个人理想与社会理想的有机结合
  - 为实现中国梦注入青春能量

学习目标

通过对本章内容的学习，大学生能够系统掌握理想信念的理论知识，坚定对马克思主义、共产主义的信仰，增强中国特色社会主义信念和实现中华民族伟大复兴的信心。引导大学生正确看待理想和现实的矛盾，树立科学的奋斗目标，将个人理想与国家前途、民族命运相结合，融进实现中华民族伟大复兴的中国梦中，志存高远、脚踏实地、艰苦奋斗，在民族复兴的伟大实践中成就自己的精彩人生。

理论要点

理想信念是人的精神之"钙"，具有昭示奋斗目标、催生前进动力、提供精神支柱、提高精神境界的作用，大学生要坚定科学的理想信念和信心。

中国特色社会主义是近代以来中国社会发展的必然选择。在中国共产党领导下，坚持和发展中国特色社会主义，实现中华民族伟大复兴，要求我们必须坚定中国特色社会主义的信念，增强中国特色社会主义的信心。

答疑解惑

1. 什么是理想，什么是信念？

（1）什么是理想。理想作为一种精神现象，是人类社会实践的产物。它是人们在实践中形成的、有可能实现的、对未来社会和自身发展的向往与追求，是人们的世界观、人生观和价值观在目标上的集中体现。理想又是一定社会关系的产物。它必然带有特定时代的烙印，在阶级社会中，还必然带有阶级的烙印。理想源于现实，又超越现实。它不是对现状的简单描绘，而是与奋斗目标相联系的未来现实，是人们的要求和期望的集中表达，激励着人们在现实生活中一步步地为实现理想目标而奋斗。

每个人活着，总得有理想，如果把人生比作杠杆，理想信念则像它的"支点"。理想不是可有可无的点缀，而是一个人生命的动力；有了理想，就等于有了灵魂。有理想的人，生活总是火热的。尽管在通往理想的路途上充满着辛酸，密布着荆棘，但是珍贵的东西都需要竭尽全力去争取，才有得到的可能。

（2）什么是信念。信念同理想一样，也是人类特有的一种精神现象。信念是认知、情感和意志的有机统一体，是人们在一定的认识基础上确立的对某种思想或事物坚信不疑，并身体力行的心理态度和精神状态。信念具有高于一般认识的稳定性，人们的某种信念一旦形成，就不会轻易改变；信念具有不同的内涵和不同的层次，不同的人由于社会环境、思想观念、利益需要、人生经历和性格特征等方面的差异，会形成不同的乃至截然相反的信念。信念是一个人坚信某种认识的正确性，并支配自己行动的个性倾向。信念是激励一个人按照自己的观点、原则和世界观去行动的思想倾向，是一个人在长期的实践活动中，根据自己的生活经历积累的知识，经过深思熟虑决定的努力方向和奋斗目标。

在人的生命历程中，理想与信念如影随形，相互依存：理想是信念的根据和前提，信念则是实现理想的重要保障。理想信念可以指引人生的奋斗目标，为人生提供前进的动力，并且提供人生的精神境界。

如果有了理想没有信念，那理想就变成了空想；如果没了理想只有信念，那等于失去奋斗的目标，使我们为之奋斗的东西，叫作理想，而实现理想所必需的东西，是信念；如果没有理想也没有信念，那等于人生是无意义的。人生百年，眨眼飞逝，在这短短的人生路上，一定要有属于自己的理想，一定要为了实现这个理想而抱着坚定不移的信念去努力。

2. 我们为什么要信仰马克思主义？

坚定马克思主义信仰，首先要搞清楚中国共产党为什么选择了马克思主义，我们为什么要信仰马克思主义。

第一，马克思主义是迄今为止最科学、最严密、最有生命力的理论体系。列宁指出："马克思学说具有无限力量，就是因为它正确。"马克思主义是在批判地吸收前人优秀思想成果、总结人类历史经验的基础上创立的科学理论，是人类文明成果的集大成。

它深刻揭示了自然界、人类社会和思维发展的普遍规律。在人类思想史上，就科学性和真理性而言，还没有一种思想理论能达到马克思主义的高度，还没有一种学说像马克思主义那样对世界历史产生如此巨大的影响，甚至一些并不赞同马克思主义的人也承认，马克思主义是人类文明史上不朽的思想丰碑。就在21世纪来临的时候，马克思被西方思想界评为"千年第一思想家"。美国知名学者罗伯特·海尔布隆纳在其著作《马克思主义：赞成与反对》中明确表示，要探索人类社会发展的前景，必须向马克思求教，因为人类社会至今仍然生活在马克思所阐明的发展规律之中。

第二，马克思主义代表了最广大劳动群众的根本利益。马克思、恩格斯虽然都出身于资产阶级家庭，但他们反对少数人的统治，反对人剥削人的制度。马克思、恩格斯在《共产党宣言》中指出："过去的一切运动都是少数人的，或者为少数人谋利益的运动。无产阶级的运动是绝大多数人的，为绝大多数人谋利益的独立的运动。"可以说，历史上从来没有一种理论像马克思主义那样，与工人阶级和劳动人民的命运如此紧密地联系在一起。正因为如此，马克思主义一经产生，就"在世界的一切文明语言中都找到了拥护者"。诺贝尔文学奖获得者、德国著名作家海因里希·伯尔在谈到19世纪以来的历史巨变时说："没有马克思，没有工人运动，当今世界5/6的人口将依然生活在半奴隶制的阴郁状态之中。"中国正是在马克思主义指导下建立起社会主义制度，人民群众才真正掌握了自己的命运，成为国家和社会的主人。

第三，马克思主义为我们提供了认识和改造世界的科学方法。马克思主义具有鲜明的实践品格，它不满足于"解释世界"，而致力于"改变世界"。列宁说过，马克思"把伟大的认识工具给了人类，特别是给了工人阶级"。这个伟大的认识工具，就是辩证唯物主义和历史唯物主义。辩证唯物主义和历史唯物主义深刻揭示了事物的本质、内在联系及发展规律，为人类把握事物发展规律，解决面临的实际问题提供了科学指南。毛泽东同志形象地把它比喻为"望远镜"和"显微镜"。正是因为有了辩证唯物主义和历史唯物主义这个"望远镜"和"显微镜"，我们才能深刻认识世界的本质，理解人与外部世界的关系；才能洞察人类社会发展规律，把握历史发展大势。马克思主义从理论走向变革现实的实践，深刻地改变了世界面貌，有力地推动了世界历史进程。对于人类认识世界、改造世界来说，迄今为止，还没有哪一种理论能够比马克思主义更实用、更管用。

第四，马克思主义科学预测了未来社会的理想状态，指明了人类社会的发展方向。自人类诞生之日起，特别是进入阶级社会以后，人们就在苦苦探寻理想的社会状态。马克思、恩格斯在批判旧世界的基础上，对未来社会作了科学设想，揭示了人类走向共产主义的历史必然性。这种没有剥削、没有压迫，人人平等的社会制度，理所当然地成为人类梦寐以求的最美好的社会理想。中国共产党和中国人民之所以选择马克思主义，很重要的一点就是他们描绘的社会理想符合人类社会发展的进步方向，与中国传统文化高度契合。两千多年前，我国古代儒家经典《礼记》中就有对理想的大同社会的描述，如"老有所终，壮有所用，幼有所长，鳏寡孤独废疾者，皆有所养"等。正是因为我国大同社会的理想与马克思主义所设想的共产主义有某种意义上的共通之处，才使马克思主义在中国获得了广泛的文化和心理认同。

追求真理、坚持真理、实践真理，是马克思主义政党极其宝贵的品质，也是其永葆先进性和纯洁性的根本所在。我们党之所以能够由弱到强不断发展壮大，不断从胜利走向新的胜利，就在于我们党一开始就把马克思主义这一科学真理写在自己的旗帜上，并作为一切思想和行动的指南。

3. 当代大学生如何为实现中国梦注入青春能量？

时代赋予青年使命，青年在时代使命中砥砺前行。习近平总书记在庆祝中国共产主义青年团成立100周年大会上的讲话指出："青年的命运，从来都同时代紧密相连。"1840年鸦片战争以后，中华民族遭受前所未有的劫难，国家蒙辱、人民蒙难、文明蒙尘，中国进入了一个"至暗年代"。日月蒙尘之际，一批批仁人志士、先进青年涌动着青春力量，唤醒沉睡已久的民族，成为"觉醒年代"中社会变革的急先锋，敢教日月换新天。时代日新月异，青春一脉相承。伟大梦想不是等得来、喊得来的，而是拼出来、干出来的。在民族复兴的征程中，一代又一代年轻人与历史同向、与祖国同行、与人民同在，必将日月换新天。新时代中国青年与中华民族伟大复兴的中国梦协同发展，同向而行，更是中国梦的建设者、见证者、践行者。新时代中国青年生逢盛世，更当不负盛世，为实现中国梦注入青春能量，在民族复兴新征程中赓续奋斗，勇将日月换新天。

（1）青年者志当存高远。"有志者，事竟成"，立大志者，人生事业才能辉煌，人生价值才能实现。崇高的理想信念是事业和人生的灯塔，决定青年的立场和方向。理想指引人生方向，信念决定事业成败。习近平总书记在庆祝中国共产党成立100周年大会上的讲话指出："新时代的中国青年要以实现中华民族伟大复兴为己任，增强做中国人的志气、骨气、底气，不负时代，不负韶华，不负党和人民的殷切期望！"这为青年建功新时代、展现新时代青春风貌提供了价值遵循。"志"具有双重含义：一是立大志，具有远大理想；二是顽强的意志、志气。青年肩负实现中华民族伟大复兴中国梦的历史重任，只有把个人的奋斗目标同国家发展的宏伟蓝图相统一，坚定马克思主义信仰，坚定中国特色社会主义信念，坚定实现中华民族伟大复兴中国梦的信心，才能放飞青春梦想，实现人生价值。回顾中国共产党百年奋斗史，不难看出，那些在事业上取得伟大成就，对人类作出卓越贡献的人，都是在青年时期就立下了鸿鹄之志，并为之坚持不懈、努力奋斗，最终都收获了沉甸甸的人生。同时，崇高理想的实现是一个过程，理想越崇高，实现过程就越复杂，需要的时间也就越漫长，需得秉持"路漫漫其修远兮，吾将上下而求索"的顽强意志。新时代中国青年面临时代之问，唯有志存高远，才能激发奋斗潜力，在民族复兴新征程中贡献青春力量。

（2）青春之小我融入国之大我。时代造就青年，盛世成就青年。新时代中国青年生逢盛世，拥有更广阔的成长空间，只有将小我融入大我，才能成就出彩的人生。首先，要胸怀大局、心系祖国，即心怀"国之大者"，在厚植爱国主义情怀上下功夫，让爱国主义精神在自我心中牢牢扎根，热爱和拥护中国共产党，立志听党话、跟党走，立志扎根人民、奉献国家，最终成就一番事业。其次，"青年兴则国家兴，青年强则国家强。青年一代有理想、有本领、有担当，国家就有前途，民族就有希望"。新时代青年应肩负历史使命，把个人的命运与国家和人民的命运联系在一起，立为国奉献之志、立为民服务之志，让青年的样子成为中国的样子，让青春在为祖国和人民利益的不懈奋斗中绽放绚丽之花。最后，坚持小我服从大我。个人与国家有机地联系在一起，二者相互依存、相互促进、共同发展。只有坚持将小我融入大我，以国家利益为重，不计较个人利益的多少与得失，用自己的聪明才智报效祖国，才能不负时代使命，不负祖国重托。

砥砺奋斗中展现责任担当。担当铸造伟业，伟业成就人生价值。百余年前，一群新青年高举马克思主义思想火炬，在风雨如晦的中国苦苦探寻民族复兴的道路，拉开了旧中国百年巨变的历史大幕，展现出"天下兴亡、匹夫有责"的担当精神。一代人有一代人的使命，一代人有一代人的担当。新时代新征程，中国青年把敢于担当作为青春的底色，在平凡的岗位上奋斗奉献，在急难险重的任务中冲锋在前，在基层一线中经受磨砺，在抗疫一线上守护生命，在大灾大难前救援群众，在奥运赛场上挑战极限，在浩瀚宇宙中追逐梦想……这便是新时代中国青年的担当。新时代中国青年要在民族复兴新征程中实现人生价值，就应该积极投身于新时代中国特色社会主义伟大事业，在大是大非面前勇于担当，即在具有新的历史特点的伟大斗争中要有强烈的责任意识，尤其面对重大原则问题时要立场坚定、旗帜鲜明；在艰难险阻面前敢于担当，即在祖国和人民最需要的时候挺身而出，面对急难险重任务时要豁得出来、顶得上去，面对各种歪风邪气时要敢于较真;在奋勇前行中善于担当,有勇有谋,既要敢于挑最重的担子,勇于啃最硬的骨头,又要在危难之中显精神,关键时刻见担当。"功崇惟志,业广惟勤。"青春的力量始终是推动中华民族勇毅前行,屹立于世界民族之林的磅礴伟力,新征程上也必将继续绽放青春的魅力。

（3）青年者须自觉躬行,知行合一。"纸上得来终觉浅,绝知此事要躬行。"理想信念不是拿来说、拿来唱的,更不是用来装点门面的,只有见诸行动才有说服力;担当责任不是拿来作秀,更不是只想出彩不想出力,只有知行合一方有引领力。青春之小我融入国之大我,不是一句口号,更不是假借大我之名谋小我之实,只有自觉躬行,方能行必有果。

新时代是奋斗者的时代,新时代青年在新征程中实现人生价值,首在立大志、贵在明大德、难在自觉躬行。"九层之台,起于累土;千里之行,始于足下。"从中华民族陷入内忧外患的悲惨境地,中国人民经历山河破碎、民不聊生的深重苦难,到新时代的伟大飞跃,创造出人类文明新形态。历史和现实都告诉我们,奋斗势在必行,躺赢绝无可能,一切伟大成就皆是赓续奋斗的结果。理想来源现实又高于现实,但起点就在脚下,青年一方面要把敢于吃苦、勇于奋斗的精神融入日常、落在经常,将自己对中国梦的追求化作身边事,立足平凡、成就不凡,让平凡的岗位成为人生出彩的舞台。另一方面,要以主人翁的姿态刻苦学习本领,担负起国家发展进步的历史责任。在学习上,刻苦钻研、不畏艰难,孜孜不倦地学习理论和专业知识;在思想上,不断提高思想道德水平,争当正能量的传播者、践行者;在生活上,展现朝气蓬勃的精神状态,"我命由我不由天",不断自我提升,自我超越;在工作上,奋发图强,不"佛系"、不"躺平",在"真刀真枪"的实干中成就一番事业。

中华民族伟大复兴的中国梦号角劲吹,新时代中国青年唯有心中有理想、胸中怀信念、肩头担责任、脚下有行动,方能在实现中国梦的道路上贡献青春能量,在民族复兴的新征程中实现人生价值,闪耀青春光芒。

实践项目

项目一　视频分享

视频1　南仁东：打造中国天眼

作为500米口径球面射电望远镜（FAST）的首席科学家兼总工程师，南仁东将全身心倾注于这个超级天眼中，如今贵州深山里的FAST正慢慢张开天眼探索宇宙。2011年3月，FAST工程正式开工建设；2016年9月，FAST工程整体竣工，实现了包括耐疲劳钢索在内的30多项自主创新的专利成果。在竣工现场已经确诊为肺癌的南仁东说："这只是一个新的万里长征的起点，还有太多的工作需要做。"

72岁的南仁东为FAST的建成作出了重大贡献，在FAST的新起点上，更多的科研工作者跟随着南仁东的足迹在探索宇宙与未来征途上继往开来，砥砺前行。

视频2　师者如光——张桂梅：大山里的烛光

书桌前青丝变银发，讲台上两袖浮微尘。有这样一批教师，他们坚信扶贫必先扶智，于是扎根乡村，用爱心和智慧阻断贫困的代际传递，点亮万千乡村孩子的人生梦想。张桂梅就是这样一位教师，她扎根贫困地区40多年，建立全国第一所免费的女子高中，让1600多名贫困山区的女孩圆了自己的大学梦，在孩子们的眼里她是张妈妈、是明灯，更是榜样。张桂梅说："我想让山里的孩子也能走进最好的学校，女孩子受教育可以改变三代人。"

【活动方式】

教师将以上视频上传至学习平台，统一组织观看或让学生课后自行观看。观看结束后，学习小组成员在各小组内分享观看感受，要求每个成员都必须参与分享。小组选派代表根据小组成员的发言内容在班级分享，任课教师对其分享内容进行点评和总结。

【活动资料】

视频资源、多媒体教室。

【活动反思】

观后感
题目：
正文：
教师点评：

项目二　学思践悟——见证初心和使命的"十一书"

【活动主题】

见证初心和使命的"十一书"

【活动目的】

初心源于信仰，使命呼唤担当。在艰苦卓绝的革命征途中，无数革命英烈为了人民幸福和民族复兴，抛头颅、洒热血，用生命和鲜血铸就了共产党人的信念与忠诚，践行了共产党人的初心与使命。通过组织大学生开展革命烈士的11封家书朗读活动，加强大学生对革命烈士的远大理想与革命必胜信心的理解和感悟，帮助大学生坚定社会主义道路的理想信念。

【活动安排】

1.任课教师布置朗读任务，并明确实践活动要求。

2.将学生分为若干学习小组（每组10~12人），并选定1人为小组长，负责小组各项工作。

3.以小组为单位，选取其中一封家书认真打磨，深刻领会，在组内对阅读感悟进行讨论和交流，撰写读后感。

4.以小组为单位推选1名组员，代表小组在课堂上进行朗读分享，并分享个人及本组的讨论交流情况和读后感。

5.任课教师对学生的分享进行点评和总结。

【活动资料】

1."十一书"：贺页朵的"宣誓书"、卢德铭的"行军书"、傅烈的"绝命书"、寻淮洲的"请战书"、王尔琢的"托孤书"、张朝燮的"两地书"、陈毅安的"无字书"、夏明翰的"就义书"、赵一曼的"示儿书"、左权的"决心书"、陈然的"明志书"。

2.《见证初心和使命的"十一书"》是由国家广播电视总局指导，芒果TV、优酷、爱奇艺、腾讯视频4家视频网站联合出品的微纪录片。整部纪录片共11集，每集5分钟左右，通过12位文艺工作者的深情讲述，再现11位共产党人的感人故事，彰显了他们以身许党的忠诚信念、流血牺牲的无私奉献。

【活动评价】

活动展示和评比以小组为单位,每个小组讨论交流后,由 1 名代表分享小组讨论交流情况和读后感,教师根据考核评价标准评出等级。

"十一书"朗读考核表

考核评价内容	教师评分	评价标准（满分 100 分）	考核等级
普通话标准、流畅（25 分）		优：≥ 90 分 良：75~89 分 中：60~74 分 差：< 60 分	
情感饱满、打动人心（25 分）			
体会真切、感悟深刻（20 分）			
新颖独特、有创意（20 分）			
其他（10 分）			
教师点评：			

读后感：

经典故事

习题练习

一、单项选择题

1.（　　）是人们在实践中形成的、有实现可能性的，对未来社会和自身发展目标的向往与追求，是人们的世界观、人生观和价值观在奋斗目标上的集中体现。

A.理想

B.志向

C.信念

D.信仰

2.理想的（　　），不仅体现为它受时代条件的制约，而且体现为它随着时代的发展而发展。

A.超越性

B.实践性

C.时代性

D.多样性

3.（　　）是中国特色社会主义最本质的特征。

A.改革开放

B.依法治国

C.中国共产党的领导

D.人民当家作主

4.（　　）是实现社会主义现代化，指引中国人民创造自己美好生活的必由之路。

A.和平发展道路

B.中国特色社会主义道路

C.社会主义道路

D.共产主义道路

5.（　　）是改革开放以来党的全部理论和实践的主题，是党和人民历尽千辛万苦、付出巨大代价取得的根本成就。

A.科学社会主义

B.马克思主义

C.中国特色社会主义

D.共产主义

6.中国共产党从成立之日起，就确立了（　　）的远大理想，始终团结带领中国人民朝着这个伟大理想前行。

A.社会主义

B.中国特色社会主义

C.共产主义

D.马克思主义

7.（　　）是党和人民事业不断发展的参天大树之根本，是党和人民不断奋进的万里长河之泉源。

A.社会主义

B.中国特色社会主义

C.共产主义

D.马克思主义

8.（　　）是指导党和人民沿着中国特色社会主义道路实现中华民族伟大复兴的正确理论，是立于时代前沿、与时俱进的科学理论。

A.马克思主义理论

B.中国特色社会主义理论体系

C.习近平新时代中国特色社会主义思想

D.马克思主义中国化理论体系

9.个人理想与社会理想的关系实质上是（　　）关系在理想层面的反映。

A.公民与国家

B.公民与社会

C.个人与社会

D.个人与集体

10.加强思想修养、提高精神境界，必须牢牢把握理想信念这个（　　）。

A.基础

B.本质

C.核心

D.关键

11.（　　）具有与时俱进的理论品格和持久生命力。

A.社会主义

B.马克思主义

C.共产主义

D.中国特色社会主义

12.（　　）是人们在一定的认识基础上确立的对某种思想或事物坚信不疑，并身体力行的精神状态。

A.信仰

B.意志

C.信念

D.理想

13.（　　）是衡量一个人精神境界高下的重要标尺。

A.道德品质

B.理想信念

C.政治信仰

D.修养品性

14.在整个理想体系中，（　　）是最根本、最重要的。

A.社会理想

B.个人理想

C.共同理想

D.共产主义理想

15.个人理想的实现，必须以（　　）的实现为前提和基础。

A.社会理想

B.社会主义理想

C.共产主义理想

D.共同理想

16.（　　）是现实运动和长远目标相统一的过程。

A.马克思主义

B.共产主义

C.社会主义

D.中国特色社会主义

17.(　　)是最高层次的信念,具有最大的统摄力。

A.志向

B.信仰

C.理想

D.意志

18.马克思主义体现了(　　)的统一。

A.阶级性与实践性

B.逻辑性与革命性

C.科学性和革命性

D.理论性与战斗性

二、多项选择题

1.历史和现实都告诉我们,只有(　　)。

A.中国特色社会主义才能救中国

B.社会主义才能救中国

C.社会主义才能发展中国

D.中国特色社会主义才能发展中国

2.信念是(　　)的有机统一体,为人们矢志不渝、百折不挠地追求理想目标提供了强大的精神动力。

A.认知

B.情感

C.道德

D.意志

3.理想具有(　　)。

A.超越性

B.实践性

C.可能性

D.时代性

4.当一个人抱有坚定的信念时,他就会全身心投入为实现目标而努力奋斗的事业中,(　　)。

A.行为上坚定不移

B.态度上充满热情

C.情绪上的积极强烈

D.精神上高度集中

5.中国特色社会主义制度是当代中国发展进步的根本制度保障,是具有(　　)的先进制度。

A.强大自我完善能力

B.鲜明中国特色

C.明显制度优势

D.充满生机活力

6.信念具有(　　)。

A.多样性

B.超越性

C.执着性

D.实践性

7.中国共产党自诞生之日起,就把(　　)作为自己的初心和使命,并团结带领全国各族人民不懈奋斗,战胜各种艰难险阻,不断取得革命、建设、改革的伟大胜利。

A.为中华民族谋复兴

B.全心全意为人民服务

C.为中国人民谋幸福

D.实现中华民族伟大复兴的中国梦

8.墨子说"志不强者智不达",诸葛亮说"志当存高远"。这里的"志"具有双重含义:(　　)。

A.对未来目标的向往

B.对社会的不懈追求

C.对真理的不断探索

D.实现奋斗目标的顽强意志

9.改革开放以来我们取得一切成绩和进步的根本原因,归结起来就是(　　)。

A.开辟了中国特色社会主义道路

B.形成了中国特色社会主义理论体系

C.发展了中国特色社会主义文化

D.确立了中国特色社会主义制度

10.理想的实现是一个过程,具有(   )。

A.艰巨性

B.曲折性

C.复杂性

D.长期性

11.共产主义社会是(   )。

A.物质财富极大丰富

B.实现按需分配

C.人的精神境界极大提高

D.每个人自由而全面发展的社会

12.实践证明,马克思主义只要(   ),就能焕发出强大的生命力、创造力和感召力。

A.与未来发展相契合

B.与本国国情相结合

C.与时代发展同进步

D.与人民群众共命运

13.在信念体系中,(   )。

A.高层次的信念决定低层次的信念

B.低层次的信念决定高层次的信念

C.高层次的信念服从低层次的信念

D.低层次的信念服从高层次的信念

14.新时代大学生应当(   )。

A.在实践中化理想为现实

B.确立马克思主义的科学信仰

C.树立共产主义的远大理想

D.拥护中国特色社会主义共同理想

15.在伦敦海格特公墓中的马克思墓碑上,镌刻着马克思的一句名言:"哲学家们只是用不同的方式解释世界,而问题在于改变世界。"这鲜明地表明了(   )。

A.马克思主义对哲学家的基本要求

B.马克思主义重视实践

C.哲学家的基本特点

D.以改造世界为己任的基本特征

三、判断题

1.立志做大事，是为了实现个人的荣华富贵。（　　）

2.理想信念是人的精神世界的核心。（　　）

3.我们生活在一个没有信仰的时代，如果有信仰的话，只信仰金钱和自己。（　　）

4."理想理想，有利就想；前途前途，有钱才图。远大理想解决不了当前的实际问题，所以是无用的。"（　　）

5.道德理想是指人们所向往的理想人格和做人的标准，是人们在道德生活中所期望达到的目标。（　　）

6.信仰有盲目和科学之分。（　　）

7.在信念系统中有诸多信念，但这些信念的地位与层次是一样的。（　　）

8.信仰就应该是与科学和理性完全对立的。（　　）

9.理想和现实的统一性表现在现实是理想的基础，理想是未来的现实。（　　）

10.在170多年的民族奋斗历程中，中华民族经历了历史的低点、国运的衰败、民族的危亡、3000年没有的大变局，在历史的转折点上支撑着中国人民救亡图存、民族复兴、走向未来的毅然是一种坚定的力量和信念。（　　）

11.个人理想的实现依赖社会理想的实现。（　　）

12.信念可以说是最高层次的信仰，可以说，凡是信念，都是信仰。（　　）

13.高层次的信念决定低层次的信念，低层次的信念服从高层次的信念。信仰是最高层次的信念。（　　）

14.中国特色社会主义共同理想，就是在中国共产党领导下，坚持和发展中国特色社会主义，实现中华民族伟大复兴。（　　）

15.艰苦奋斗是老一辈的事，当代青年不需要艰苦奋斗。（　　）

四、简答题

1.简述个人理想与社会理想的关系。

2.简述理想信念对大学生成长成才的重要意义。

第三章 继承优良传统 弘扬中国精神

知识网络

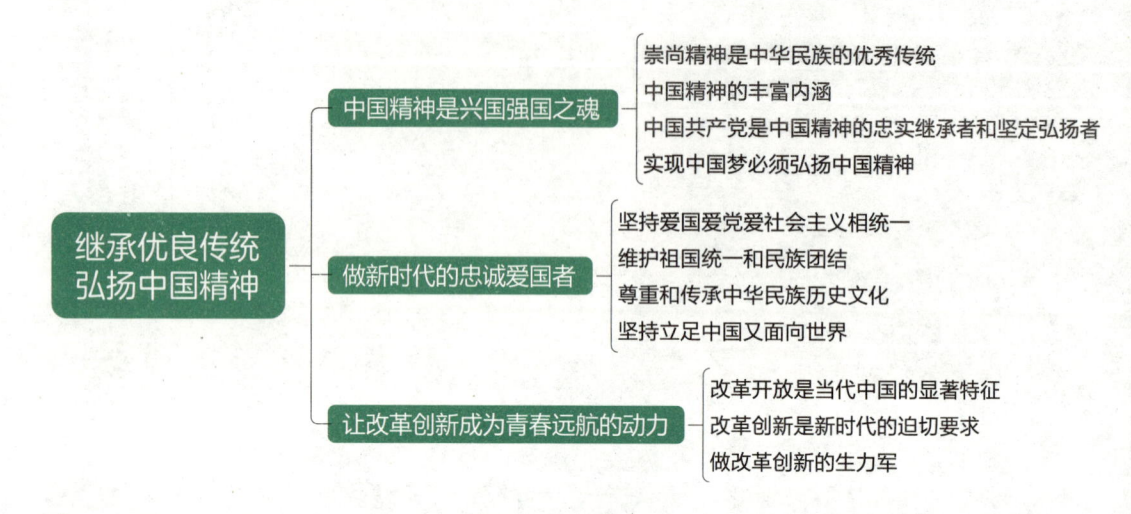

- 继承优良传统 弘扬中国精神
  - 中国精神是兴国强国之魂
    - 崇尚精神是中华民族的优秀传统
    - 中国精神的丰富内涵
    - 中国共产党是中国精神的忠实继承者和坚定弘扬者
    - 实现中国梦必须弘扬中国精神
  - 做新时代的忠诚爱国者
    - 坚持爱国爱党爱社会主义相统一
    - 维护祖国统一和民族团结
    - 尊重和传承中华民族历史文化
    - 坚持立足中国又面向世界
  - 让改革创新成为青春远航的动力
    - 改革开放是当代中国的显著特征
    - 改革创新是新时代的迫切要求
    - 做改革创新的生力军

学习目标

通过本章内容的学习，帮助大学生掌握中国精神的丰富内涵和现实意义，深刻理解伟大建党精神是中国共产党的精神之源，了解中国共产党人的精神谱系，以及实现中国梦必须弘扬以爱国主义为核心的民族精神和以改革创新为核心的时代精神。把握爱国主义的基本内涵，理解时代精神的内涵和主要体现，领会改革创新的时代要求和重要意义，提高对中国精神的理论认识和实践理解。引导大学生深刻认识如何做新时代的忠诚爱国者和改革创新的生力军，用实际行动展现出中国精神的青春风采。

理论要点

人无精神则不立，国无精神则不强。中国精神作为兴国强国之魂，是实现中华民族伟大复兴不可或缺的精神支撑和精神动力。

爱国主义始终是把中华民族坚强团结在一起的精神纽带，改革创新始终是鞭策我们在改革开放中与时俱进的精神力量。

答疑解惑

1. 什么是中国精神，为何说实现中国梦必须弘扬中国精神？

中国精神是民族精神和时代精神的统一。以爱国主义为核心的民族精神和以改革创新为核心的时代精神，构成了中国精神的基本内容。在五千多年的历史发展进程中，中华民族形成了以爱国主义为核心的伟大民族精神。改革开放以来，党带领人民在继承和弘扬伟大民族精神的基础上，立足新的时代条件，赋予中华民族精神以新的时代内涵，形成了以改革创新为核心的时代精神。

实现中国梦必须弘扬中国精神，以高扬的精神旗帜为指引，以强大的精神支柱为支撑，团结凝聚全体人民的智慧和力量，为实现中国梦而努力奋斗。

（1）中国精神是凝聚中国力量的精神纽带。为推进民族复兴的时代伟业，我们必须有万众一心、众志成城的强大精神凝聚力。在当代中国，必须用中国精神引领各族人民心往一处想、劲往一处使，用14亿多人的智慧和力量汇集起不可战胜的磅礴力量，为实现中华民族伟大复兴的中国梦而努力奋斗。

（2）中国精神是激发创新创造的精神动力。推进新时代的伟大事业，必须有创新创造、向上向前的强大精神奋发力，勇于变革、勇于创新，永不僵化、永不停滞，使全体人民始终保持昂扬向上的精神状态，为实现中国梦注入强大的精神力量。

（3）中国精神是推进复兴伟业的精神定力。只有自觉弘扬中国精神，增强民族自尊心和自信心，坚定不移地走自己的路，才能使全体人民在实现复兴伟业的征途中拥有坚如磐石的精神和信仰力量，不被困难所吓倒，不被诱惑所动，不被干扰所迷惑，坚定不移地把我们的事业不断推向前进，直至光辉的彼岸。

2. 爱国主义的基本内涵与时代要求是什么？

爱国主义体现了人民对祖国的深厚感情，揭示了个人与祖国的依存关系，是人们对自己家园以及民族和文化的归属感、认同感、尊严感与荣誉感的统一。它是调节个人与祖国之间关系的道德要求、政治原则和法律规范，也是中华民族精神的核心。爱国主义的具体要求包括：爱祖国的大好河山、爱自己的骨肉同胞、爱祖国的灿烂文化、爱自己的国家。

新时代的爱国主义，既承接了中华民族的爱国主义优良传统，又体现了鲜明的时代特征，内涵更加丰富。

（1）坚持爱国爱党爱社会主义相统一。我国的爱国主义始终围绕着实现民族富强、人民幸福而发展，最终汇流于中国特色社会主义。祖国的命运和党的命运、社会主义的命运密不可分。只有坚持爱国和爱党、爱社会主义相统一，爱国主义才是鲜活的、真实的，这是当代中国的爱国主义精神最重要的体现。中国的历史和现实充分证明：中国共产党是高举爱国主义旗帜并躬身实践的光辉典范，是中国特色社会主义事业的坚强领导

核心。坚定拥护中国共产党的领导，是中华民族走向复兴，中国特色社会主义事业走向成功的必然要求，也是新时代爱国主义的必然要求。

（2）维护祖国统一和民族团结。在新的时代条件下，弘扬爱国主义精神，必须把维护祖国统一和民族团结作为重要的着力点和落脚点。解决台湾问题、实现祖国完全统一，是不可阻挡的历史进程，也是全体中华儿女的共同心愿。和平统一最符合包括台湾同胞在内的中华民族的根本利益。要从中华民族整体利益的高度把握两岸关系大局，在认清历史发展趋势中把握两岸前途，坚持增进互信、良性互动、求同存异、务实进取，促进两岸关系发展取得更多积极成果，努力增进两岸人民福祉，增进对两岸命运共同体的认知，不断拓宽两岸关系和平发展的道路。

多民族是我国的一大特色，也是我国发展的一大有利因素。中华民族和各民族的关系，是一个大家庭和家庭成员的关系；各民族的关系，是一个大家庭里不同成员的关系。弘扬新时代的爱国主义精神，就要自觉维护全国各族人民大团结的政治局面，不断增强对伟大祖国、中华民族、中华文化、中国共产党、中国特色社会主义的认同，坚决维护国家主权、安全、发展利益，筑牢国家统一、民族团结、社会稳定的铜墙铁壁。

（3）尊重和传承中华民族历史和文化。对祖国悠久历史、深厚文化的理解和接受，是人们爱国主义情感培育和发展的重要条件。中华优秀传统文化是中华民族的精神命脉，其中蕴含着中华民族世世代代形成和积累的思想营养和实践智慧，是中华民族得以延续的文化基因，也是我们在世界文化激荡中站稳脚跟的根基。我们必须尊重和传承中华民族的历史和文化，以时代精神激活中华优秀传统文化的生命力，延续文化基因，萃取思想精华，推进中华优秀传统文化的创造性转化和创新性发展。

（4）必须坚持既立足中国又面向世界。坚持新时代的爱国主义，要求我们必须正确处理好立足中国与面向世界的辩证统一关系，把弘扬爱国主义精神与扩大对外开放结合起来，既要尊重各国的历史特点、文化传统，尊重各国人民选择的发展道路，从不同文明中寻求智慧、汲取营养，增强中华文明的生机活力，又要积极倡导求同存异、交流互鉴，共同推动人类文明发展进步。

3. 如何理解让改革创新成为青春远航的动力？

改革创新是当代中国最突出、最鲜明的特点。大学生富有想象力和创造力，是改革创新的生力军，要在改革创新的实践中奉献祖国、服务人民、实现价值，让改革创新成为青春远航的强大动力。

（1）创新创造是中华民族最深沉的民族禀赋。中华民族是富有创新精神的民族。在历史的漫漫长河中，变通求新、因革损益、革故鼎新、与时俱进、与日偕新等思想观念逐渐积淀为中华民族最深沉的民族禀赋。勇于创新创造的民族禀赋成就了辉煌灿烂的中华文明。我国在历史上长期处于世界领先地位，我国的思想文化、社会制度、经济发展、科学技术，以及其他许多方面都对周边国家产生了重要的辐射和引领作用，中华文明对世界文明进步作出了巨大贡献，产生了深远影响。究其深层精神根源，就在于中华民族创新创造这一宝贵的精神传统和民族禀赋。

（2）改革创新是时代要求。在当代中国，社会发展离不开改革创新，改革创新是社会发展的重要动力，坚持改革创新是新时代的迫切要求。创新始终是推动人类社会发展的第一动力。从某种意义上说，创新决定着世界政治、经济力量对比的变化，也决定着各国、各民族的前途命运。

创新能力是当今国际竞争新优势的集中体现。"在激烈的国际竞争中，惟创新者进，惟创新者强，惟创新者胜。"今天，国际竞争的新优势越来越集中体现在创新能力上。面对科技创新和产业革命新趋势，世界主要国家都在积极调整应对，努力寻找创新的突破口，抢占发展的先机，纷纷出台新的创新战略，加大投入，加强人才、专利、标准等战略性创新资源的争夺，创新战略竞争在综合国力竞争中的地位日益重要。

如果把科技创新比作我国发展的新引擎，那么改革就是点燃这个新引擎必不可少的点火器。实施创新驱动发展战略，最根本的是要增强自主创新能力，最紧迫的是要破除体制机制障碍，最大限度地解放和激发科技作为第一生产力所蕴含的巨大潜能，打通从科技强到产业强、经济强、国家强的通道，让改革释放创新活力，让一切创新源泉充分涌流。"聪者听于无声，明者见于未形。"改革创新永无止境。大学生要自觉树立敢为天下先的志向和信心，敢于担当、勇于超越，在攻坚克难中追求卓越，在改革创新中引领世界潮流。

（3）做改革创新生力军。青年时期是创新创造的宝贵时期。新时代的大学生置身于实现中华民族伟大复兴的时代洪流中，应当以时代使命为己任，把握时代脉搏，迎接时代挑战，增强创新创造的能力和本领，勇做改革创新的实践者，将弘扬改革创新精神贯穿实践中、体现在行动上。

树立改革创新的自觉意识。改革创新，首先要求人们自觉增强改革创新的责任感，树立敢于突破陈规、大胆探索未知、勇于创新创造的思想观念，在实践中有直面困难的勇气，有突破难关的精神，锐意进取，奋力前行。

增强改革创新的能力本领。一是夯实创新基础。推行任何一项改革，作出任何一项

创新，都是站在前人积累的专业知识基础之上的。改革创新之所以能够推陈出新，提出前人不曾提出的新思想，推出令世人敬仰叹服的新创造，一个重要的原因就在于改革创新者具有扎实的专业知识基础。二是培养创新思维。创新思维与守旧思维的区别在于：守旧思维往往求同、模仿，创新思维则注重求异、批判，不甘于落入窠臼和俗套；守旧思维被动回答问题，创新思维善于发现问题；守旧思维往往机械、线性、封闭，创新思维则灵活而开放，发散而多维；守旧思维提出的观点人们往往因熟悉而易于接受，创新思维则常常因"异想天开"而被怀疑，甚至嘲讽。大学生在专业学习与社会实践中应自觉培养创新思维，勤于思考、善于发现、勇于创新。三是投身创新实践。实践出真知，实践长才干。当代大学生既置身于全球新一轮科技革命和产业变革兴起的历史机遇期，又置身于我国迈向现代化强国的历史新征程，应当在全面深化改革的伟大实践中深深体悟改革创新精神，增强改革创新意识，锤炼改革创新意志，增强改革创新能力，勇做改革创新的实践者和生力军。

实践项目

项目一 视频分享

视频 1　中国精神

毛泽东在民族危难、抗日救亡之际，曾气吞山河地宣示："我们中华民族有同自己的敌人血战到底的气概，有在自力更生的基础上光复旧物的决心，有自立于世界民族之林的能力。"鲁迅先生曾在《中国人失掉自信力了吗？》一文中有这样精辟的论述："中国自古以来，就有埋头苦干的人，就有拼命硬干的人，就有为民请命的人，就有舍身求法的人……他们是中国的脊梁。"他还在《学界的三魂》中坚定地指出："惟有民魂是值得宝贵的，惟有它发扬起来，中国才有真进步。"

中华文明为什么能够源远流长，历久弥新？为什么能够持续不断地焕发出勃勃生机和新的活力？当我们徜徉在五千多年的文明历史长河中，当我们跋涉在卷帙浩繁的文化典籍里，当我们从960多万平方公里的山野川泽追寻答案时，蓦然发现有一种特殊的基因，在支撑着这个民族一次又一次从灾难中奋起，这种基因就是伟大的中国精神。

视频 2　薪火相传　不负韶华

五四运动以来的 100 年，是中国青年一代又一代接续奋斗、凯歌前行的 100 年，让青年成为中华民族生气勃发、高歌猛进的持久风景，让青年英雄成为驱动中华民族加速实现伟大复兴的蓬勃力量。

每一代青年人都用自己的方式推进中华民族伟大复兴，这种行为深刻地阐释了中国精神以及爱国之心。

视频 3　火雷兄弟的家国情怀

从与尹典的谈话中得知，他把在火神山工作的通行证保存了下来，当作最珍贵的勋章，这也是中建集团 10 天建成火神山医院，12 天建成雷神山医院，诠释伟大抗疫精神的最好物证。上学时尹典在书上看到"国家兴亡，匹夫有责"这句话，他觉得很宏大，仿佛离自己很遥远，但是经过这场疫情以后，发觉每个国人心中都有一种朴素的爱国情怀，平日里你未必会察觉到它的存在，但是当国家有难、人民需要的时候，它就会在一瞬间迸发出来，从而忘记自己的安危，投入这场战斗中，这就是家国情怀。

【活动方式】

教师将以上视频上传至学习平台，统一组织观看或让学生课后自行观看。观看结束后，学习小组成员在各小组内分享观看感受，要求每个成员都必须参与分享。小组选派代表根据小组成员的发言内容在班级分享，任课教师对其分享内容进行点评和总结。

【活动资料】

视频资源、多媒体教室。

【活动反思】

观后感
题目：
正文：
教师点评：

项目二　学思践悟——讲好中国故事　弘扬中国精神

【活动主题】

讲好中国故事　弘扬中国精神

【活动目的】

人无精神不立，国无精神不强。中华民族是一个勤劳、勇敢、智慧的民族，是一个有理想、有抱负、有作为的民族，也是一个十分注重精神世界的民族。以"讲好中国故事"为抓手，精选中国历史特别是中国近现代史、中国革命史、中国共产党史、中华人民共和国史、中国改革开放史，精选新时代坚持和发展中国特色社会主义的故事、中国抗疫实践的经典故事，以及身边的正能量故事。通过开展"讲好中国故事　弘扬中国精神"活动，让更多大学生及除大学生以外的其他人知晓什么是中国精神及其重要性，从而增强大学生的爱国凝聚力。

【活动安排】

1. 任课教师布置演讲任务，并明确实践活动要求。
2. 以班级为单位形成数个小组，并选定1人为小组长，负责小组各项工作。
3. 小组长根据成员特点合理分工，包括查找、整理、完善相关资料。
4. 每个小组推选1名组员担任故事演讲者，所有演讲者在演讲前抽签决定演讲顺序。
5. 演讲结束后，所有听众进行投票，选出最佳演讲者。
6. 任课教师对学生的演讲进行点评和总结。

【活动评价】

活动展示和评比以小组为单位,所有小组分享完毕后须选出最佳演讲者,所有听众根据演讲比赛评选标准进行投票,教师根据评选标准划分等级。

演讲评选标准表

评分 (100分)	评分细则	教师评分	评价标准 (满分100分)	考核等级
演讲内容 (40分)	1. 思想内容能紧紧围绕主题,能准确把握主题内涵,见解独到,内容充实具体(20分) 2. 文字简练流畅,具有较强的思想性、逻辑性,观点正确、鲜明(10分) 3. 材料真实、典型,实例生动,反映客观事实,具有普遍意义,体现时代精神(10分)		优:≥90分 良:75~89分 中:60~74分 差:<60分	
语言艺术 (30分)	1. 演讲者语言规范,吐字清晰,声音洪亮圆润(5分) 2. 语言技巧处理得当,语速恰当,语气、语调、音量、节奏张弛有度,符合思想感情的起伏变化,能熟练表达所演讲的内容(15分) 3. 演讲表达准确、流畅、自然,富有激情(10分)			
仪表形象 (20分)	演讲者精神饱满,着装整洁得体,神态自然大方,体态语言表达适当,能够起到促进演讲效果的作用			
综合印象 (10分)	演讲效果感染力强,能够引起现场观众的强烈共鸣,能够起到振奋人心、鼓舞士气的积极作用			
教师点评:				

经典故事

习题练习

一、单项选择题

1.（　　）作为兴国强国之魂，是实现中华民族伟大复兴不可或缺的精神支撑。

A.中国精神

B.中华优秀传统文化

C.中国共产党

D.中国人民

2.（　　）是中国精神的忠实继承者和坚定弘扬者。

A.中华民族

B.中国人民

C.中国共产党

D.中国先进知识分子

3.（　　）体现了人们对自己祖国的深厚感情，揭示了个人对祖国的依存关系。

A.爱国主义

B.民族精神

C.时代精神

D.改革创新

4.中华民族精神的核心是（　　）。

A.勤劳勇敢

B.自强不息

C.改革创新

D.爱国主义

5.（　　）是一个民族在长期共同生活和社会实践中形成的，为本民族大多数成员所认同的价值取向、思维方式、道德规范、精神气质的总和，是一个民族赖以生存和发

展的精神支柱。

A.爱国主义

B.集体主义

C.文化传统

D.民族精神

6.重视并崇尚(　　)，是中国古代思想家们的主流观点。

A.物质生活

B.精神生活

C.文化生活

D.政治生活

7.以下各项中不是表现为矢志不渝地坚守理想的是(　　)。

A."志士仁人，无求生以害仁，有杀身以成仁"

B."兼相爱，交相利"

C."自天子以至于庶人，壹是皆以修身为本"

D."为天地立心，为生民立命，为往圣继绝学，为万世开太平"

8.都江堰设计巧妙，成效卓著，是闻名世界的水利工程，在2000多年中持续使用，体现的中国精神内涵是(　　)。

A.伟大创造精神

B.伟大奋斗精神

C.伟大团结精神

D.伟大梦想精神

9.19世纪波兰音乐家肖邦离开祖国时曾带了一瓶祖国的泥土。在巴黎临终时，他嘱托亲人和朋友："我希望至少把我的心脏带回祖国去。"肖邦的做法体现了爱国主义中的(　　)。

A.爱祖国的大好河山

B.爱自己的骨肉同胞

B.爱祖国的灿烂文化

D.爱自己的国家

10.爱国主义是人们对自己故土家园、种族和文化的归属感、(　　)、尊严感与荣誉感的统一。

A.自豪感

B. 认同感

C. 自信心

D. 自尊心

11. (　　)是凝心聚力的兴国之魂、强国之魂。

A. 爱国主义

B. 民族精神

C. 时代精神

D. 中国精神

12. 邓小平曾经指出:"港澳、台湾、海外的爱国同胞,不能要求他们都拥护社会主义,但是至少也不能反对社会主义的新中国,否则怎么叫爱祖国呢?"这说明,在当代中国(　　)。

A. 爱国主义与爱社会主义是一致的

B. 爱国主义与拥护祖国统一是一致的

C. 爱国主义与爱中国共产党是一致的

D. 爱国主义与爱马克思主义是一致的

13. 做新时期忠诚坚定的爱国者,除了需要培育强烈的爱国情感、保持民族自尊和自信、努力学习和工作、以实际行动和贡献履行爱国义务,还需要(　　)。

A. 拒绝接受其他国家的一切东西

B. 维护祖国统一和民族团结

C. 全面接受中国传统文化和道德

D. 从经济基础到上层建筑的一切领域都与西方接轨

14. "一方水土养一方人""禾苗离土即死,国家无土难存",因此作为中华儿女要(　　)。

A. 爱祖国的大好河山

B. 爱自己的骨肉同胞

C. 爱祖国的灿烂文化

D. 爱自己的国家

15. 面对"台独"势力分裂活动和外部势力干涉台湾事务的严重挑衅,我们将坚决开展"反分裂、反干涉"重大斗争,展示了我们维护国家主权和领土完整、反对"台独"的坚强决心和强大能力,进一步掌握了实现祖国完全统一的战略主动,进一步巩固了国际社会坚持(　　)的格局。

A. 一个中国

B.一国两制

C.领土完整

D.国家统一

16.孙中山先生说过:"统一是中国全体人民的希望。能够统一,全国人民便享福;不能统一,便要受害。"我们坚持(　　)的基本方针,坚持一个中国原则和"九二共识",推动两岸关系和平发展。

A.和平团结,民族复兴

B.兄弟齐心,其利断金

C.不放弃使用武力

D.和平统一、一国两制

17.(　　)是民族生生不息的丰厚滋养。

A.人类文明

B.社会发展

C.历史文化

D.政治进步

18.(　　)是当代中国最鲜明的特色。

A.改革开放

B.民族复兴

C.爱国主义

D.共产主义

19.时代精神是在新的历史条件下形成和发展的,是体现民族特质、顺应时代潮流的思想观念、行为方式、价值取向、精神风貌和社会风尚的总和。时代精神的核心在于(　　)。

A.实事求是

B.与时俱进

C.改革创新

D.艰苦奋斗

20.中华民族的民族精神和时代精神构成了(　　)。

A.爱国主义

B.中国精神

C.民族素质

D.共同理想

21.（　　）是当今国际竞争新优势的集中体现。

A.民族复兴

B.创新能力

C.社会变革

D.经济发展

22.习近平总书记说："激烈的国际竞争中，惟创新者进，惟创新者强，惟创新者胜。"这句话揭示了（　　）。

A.创新是推动人类社会发展的第一动力

B.创新能力是当今国际竞争优势的集中表现

C.创新能力不强是我国这个经济大块头的"阿喀琉斯之踵"

D.大学生要让改革创新成为青春远航的动力

23.实施创新驱动发展战略，最根本的是（　　）。

A.要解放和激发科技作为第一生产力的巨大潜力

B.要破除体制机制障碍

C.要增强自主创新能力

D.要打通从科技到产业、经济各个通道

二、多项选择题

1.伟大建党精神是（　　）。

A.坚持真理、坚守理想

B.践行初心、担当使命

C.不怕牺牲、英勇斗争

D.对党忠诚、不负人民

2.爱国主义的基本内涵表现在（　　）。

A.爱祖国的大好河山

B.爱自己的骨肉同胞

C.爱祖国的灿烂文化

D.爱自己的国家

3.中国人民在长期奋斗中，培育、继承、发展起来的伟大中国精神，包括（　　）。

A.伟大创造精神

B.伟大奋斗精神

C.伟大团结精神

D.伟大梦想精神

4.爱国主义的本质就是坚持（   ）和（   ）、（   ）高度统一。

A.爱国

B.爱人民

C.爱党

D.爱社会主义

5.下列语句和典故体现"自强不息"的民族精神的是（   ）。

A.富贵不能淫，贫贱不能移，威武不能屈

B.亲仁善邻

C.大禹治水

D.愚公移山

6.鲁迅曾说："惟有民魂是值得宝贵的，惟有他发扬起来，中国才有真进步。"实现中国梦必须弘扬中国精神，中国精神是兴国强国之魂，是（   ）。

A.激发创新创造的精神动力

B.凝聚中国力量的精神纽带

C.推进复兴伟业的精神支柱

D.政治文明建设的重要内容

7.维护国家主权和领土完整、实现祖国统一要做到（   ）。

A.坚持一个中国原则

B.推进两岸交流合作

C.促进两岸同胞团结奋斗

D.反对"台独"分裂图谋

8.爱国主义是人民对自己的故土家园、民族和文化的（   ）的统一。

A.归属感

B.认同感

C.尊严感

D.荣誉感

9.时代精神与民族精神的关系表现在（   ）。

A.都是中华民族赖以生存和发展的精神支撑

B.都是中国精神的重要组成部分

C.民族精神是时代精神的时代性体现

D.两者紧密关联

10.民族精神是指一个民族在长期共同生活和社会实践中形成的,为本民族大多数成员所认同的(　　)的总和。

A.价值取向

B.思维方式

C.道德规范

D.精神气质

11.中国传统文化强调道德修养和道德教化,"三不朽"指的是(　　)。

A.立德

B.立功

C.立言

D.立书

12.新时代大学生要树立大历史观和正确党史观,准确把握党的历史发展的主题主线、主流本质……真正(　　)。

A.理解历史

B.把握历史

C.增强历史自觉

D.增强历史自信

13.创新是推动人类社会发展的第一动力。增强改革创新的能力和本领应该做到(　　)。

A.夯实创新基础

B.培养创新思维

C.投身改革创新实践

D.勇于尝试大胆想象

14.以下名言属于爱国主义优良传统的有(　　)。

A.苟利国家生死以,岂因祸福避趋之

B.先天下之忧而忧,后天下之乐而乐

C.位卑未敢忘忧国

D.报国之心,死而后已

15.在我国新民主主义革命时期,爱国主义主要表现在推翻帝国主义、封建主义、官僚资本主义;现阶段,爱国主义主要表现在献身于建设和保卫社会主义现代化事业,献身于促进祖国统一大业,说明了(　　)。

　　A.爱国主义是历史的

　　B.爱国主义是具体的

　　C.爱国主义具有阶级性

　　D.在不同时代和文化背景下产生的爱国主义内涵是相同的。

三、判断题

1.爱国主义无论在什么样的历史时代和文化背景下总是具有相同的内涵。(　　)

2."统则强、分则乱。""台独"分裂势力及其分裂活动是对台海和平的现实威胁。
(　　)

3.改革创新是时代精神的核心。(　　)

4.爱国主义与拥护祖国统一是矛盾的。(　　)

5.弘扬和培育民族精神,只要弘扬中国古代的民族精神就可以了。(　　)

6.爱祖国不是抽象的,而是具体的。(　　)

7.文化复古主义是一种正确的对待传统道德的思潮。(　　)

8.爱国爱党爱社会主义统一于实现中华民族伟大复兴的历史进程。(　　)

9.安全是发展的前提,发展是安全的保障,要有效防范和化解各类风险挑战,确保社会主义现代化事业顺利推进。(　　)

10.中国传统文化博大精深,学习和掌握其中的各种思想精华,对树立正确的世界观、人生观、价值观很有益处。(　　)

11.经济全球化是世界经济发展的必然趋势,内在地包含着全球政治、文化一体化。
(　　)

12.弘扬新时代的爱国主义,必须坚持立足民族,维护国家发展主体性;必须面向世界,构建人类命运共同体。(　　)

13.维护国家主权和领土完整,是国家的核心利益。(　　)

14.新的国家安全观不仅包括传统的政治安全和国防安全,还包括经济安全、科技安全、生态安全、社会公共安全等。(　　)

15.增强改革创新的能力和本领,要夯实创新基础、培养创新思维、投身创新实践。
(　　)

四、简答题

1. 什么是伟大的建党精神？

2. "人无精神则不立，国无精神则不强。"谈谈为什么中国精神是兴国强国之魂？

3. 谈谈《反分裂国家法》颁布的意义。

第四章 明确价值要求 践行价值准则

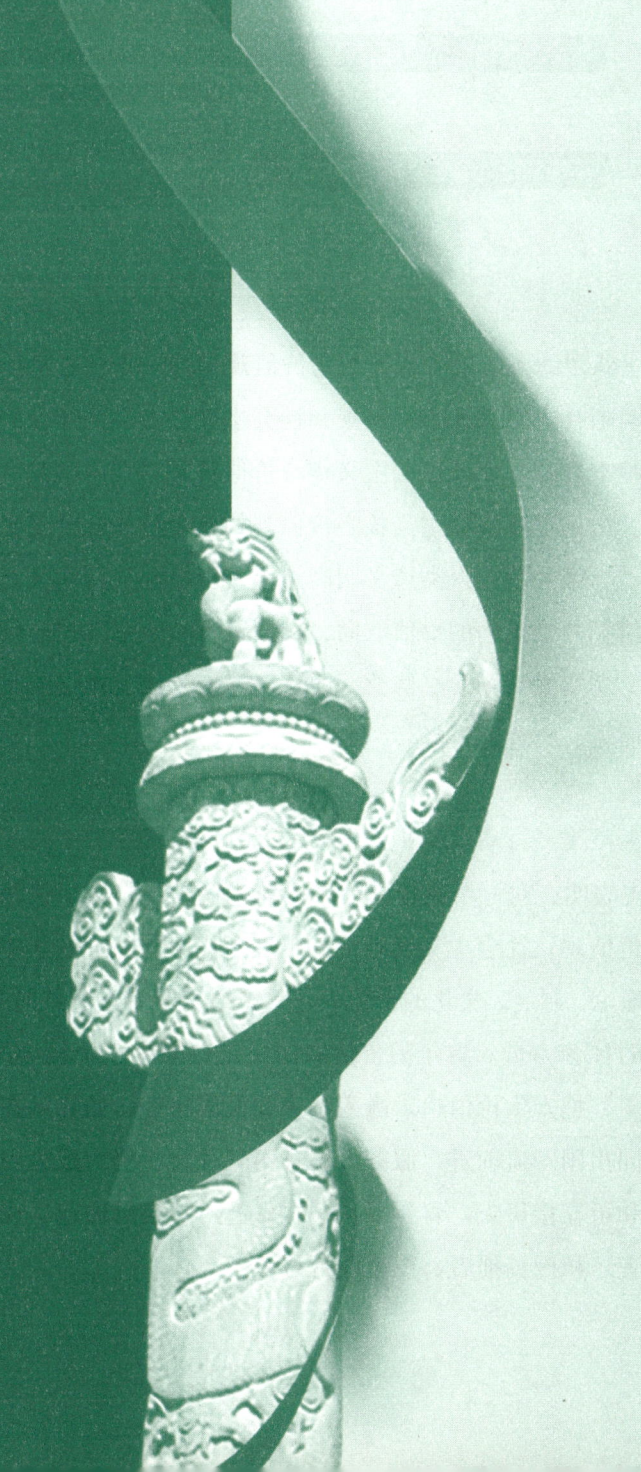

知识网络

明确价值要求 践行价值准则
- 全体人民共同的价值追求
  - 价值观与社会主义核心价值观
  - 社会主义核心价值观的基本内容
  - 当代中国发展进步的精神指引
- 社会主义核心价值观的显著特征
  - 反映人类社会发展进步的价值理念
  - 彰显人民至上的价值立场
  - 因真实可信而具有强大的道义力量
- 积极践行社会主义核心价值观
  - 扣好人生的扣子
  - 把社会主义核心价值观落细落小落实

学习目标

通过本章的学习，能够帮助大学生了解什么是价值观、什么是核心价值观、什么是社会主义核心价值观，明晰社会主义核心价值观和社会主义核心价值体系的关系，掌握社会主义核心价值观的基本内容，以及社会主义核心价值观是当代中国发展进步的精神指引，意义重大而深远。深刻理解社会主义核心价值观的显著特征。社会主义核心价值观以其先进性、人民性、真实性站在人类道义制高点上，彰显出独特而强大的价值观优势，从而坚定价值观自信，明确正确的价值取向，积极践行社会主义核心价值观。从一开始就扣好人生的扣子，切实做到勤学、修德、明辨、笃实，成为社会主义核心价值观的坚定信仰者、积极传播者、模范践行者。

理论要点

人类社会发展的历史表明，对一个民族、一个国家来说，最持久、最深层的力量是全社会共同认可的核心价值观。社会主义核心价值观是当代中国精神的集中体现，是中国特色社会主义道路、理论、制度、文化的价值表达，凝结着全体人民共同的价值追求。

青年是引风气之先的社会力量。青年的价值取向决定着未来整个社会的价值取向。大学生要扣好人生的扣子，把人生价值追求融入国家和民族事业，始终站在人民大众立场，同人民一道拼搏、同祖国一道前进，服务人民、奉献社会，努力成为中国特色社会主义事业的合格建设者和可靠接班人。青年要从现在做起、从自己做起，成为社会主义核心价值观的坚定信仰者、积极传播者、模范践行者。

答疑解惑

1. 什么是价值观和核心价值观？当代中国人需要的核心价值观是什么？

价值观就是主体对客体有无价值、价值大小的立场和态度，是对价值及其相关内容的基本观点和看法。通俗地说，价值观是人们对事物的意义和价值的反映与判断，是人们关于应该做什么和不应该做什么的基本观点，是区分好与坏、对与错、善与恶、美与丑等现象的总观念。价值观在人们的观念体系中并不是孤立的，它与世界观、人生观相辅相成、相互作用、相互促进，是辩证统一的关系。价值观对人的具体行为起着规范和导向作用，价值观不同的人，行为取向也会不同，甚至可能截然相反。

价值观反映着特定的时代精神。随着每一次社会秩序的巨大历史变革，人们的观点和观念也会发生变革。人们的社会存在和社会生活是具体的、现实的，是属于一定时代的，反映社会存在和社会生活的价值观总是表现出鲜明的时代特点。它回应着特殊的时代性问题，表现着一定时代人们的需要和利益诉求，反映着特定的时代精神。有什么性质的社会存在，就会有什么性质和内容的价值观。抽象的、超历史的、一成不变的价值观是不存在的。

价值观体现着鲜明的民族特色。一个民族在长期的共同生活和实践的基础上，逐渐形成具有该民族特色的价值观，并通过历史的积淀和升华，使之成为该民族文化传统的核心和灵魂。价值观的民族性体现着一个民族区别于其他民族的精神气质。

价值观蕴含着特定的阶级立场。不同阶级由于其阶级地位和经济利益不同而有着不同的价值观。在阶级社会里，占统治地位的价值观都是统治阶级的价值观，为统治阶级的统治和利益辩护。被统治阶级也有其自身的价值观，当被统治阶级变得足够强大时，其价值观既体现为对统治阶级的反抗，也体现为被统治阶级对未来利益的主张。

核心价值观是一定社会形态、社会性质的集中体现，在一个社会的思想观念体系中处于主导地位，体现着社会制度的阶级属性、社会运行的基本原则和社会发展的基本方向。它不仅作用于经济社会生活的各个方面，而且对每个社会成员都有着深刻的影响。任何一个社会都存在多种多样的价值观念和价值取向，要把全社会的意志和力量凝聚起来，必须有一套与经济基础和政治制度相适应并能形成广泛社会共识的核心价值观，否则，一个民族就没有赖以维系的精神纽带，一个国家就没有共同的思想道德基础。如果一个民族、一个国家没有共同的核心价值观，莫衷一是，行无依归，那么这个民族、这个国家就无法前进。

历史和现实都表明，核心价值观是一个国家的重要稳定器，能否构建具有强大感召力的核心价值观，关系社会和谐稳定，关系国家长治久安。世界上各种文化之争，本质上是价值观念之争，也是人心之争、意识形态之争。

当今中国正处在经济体制深刻变革、社会结构深刻转型、利益格局深刻调整、思想观念深刻变化的时期。凝聚经济社会持续健康发展的共识与合力，亟须确立定向指航、普遍认同的核心价值观。为此，党的十八大报告在集思广益的基础上提出，倡导富强、民主、文明、和谐，倡导自由、平等、公正、法治，倡导爱国、敬业、诚信、友善，积极培育和践行社会主义核心价值观。富强、民主、文明、和谐是国家层面的价值目标，自由、平等、公正、法治是社会层面的价值取向，爱国、敬业、诚信、友善是公民个人层面的价值准则，这 24 个字是社会主义核心价值观的基本内容。

"富强、民主、文明、和谐"，是我国社会主义现代化国家的建设目标，也是从价值目标层面对社会主义核心价值观基本理念的凝练，在社会主义核心价值观中居于最高层次，对其他层次的价值理念具有统领作用。"富强"即国富民强，是社会主义现代化国家经济建设的应然状态，是中华民族梦寐以求的美好夙愿，也是国家繁荣昌盛、人民幸福安康的物质基础。"民主"是人类社会的美好诉求。我们追求的民主是人民民主，其实质和核心是人民当家作主。它是社会主义的生命，也是创造人民美好幸福生活的政治保障。"文明"是社会进步的重要标志，也是社会主义现代化国家的重要特征。它是社会主义现代化国家文化建设的应有状态，是对面向现代化、面向世界、面向未来的，民族的、科学的、大众的社会主义文化的概括，是实现中华民族伟大复兴的重要支撑。"和谐"是中国传统文化的基本理念，集中体现了学有所教、劳有所得、病有所医、老有所养、住有所居的生动局面。它是社会主义现代化国家在社会建设领域的价值诉求，是经济社会和谐稳定、持续健康发展的重要保证。

"自由、平等、公正、法治"，是对美好社会的生动表述，也是从社会层面对社会主义核心价值观基本理念的凝练。它反映了中国特色社会主义的基本属性，是我们党矢志不渝、长期实践的核心价值理念。"自由"是指人的意志自由、存在和发展的自由，是对人类社会的美好向往，也是马克思主义追求的社会价值目标。"平等"指的是公民在法律面前的一律平等，其价值取向是不断实现实质平等。它要求尊重和保障人权，人人依法享有平等参与、平等发展的权利。"公正"即社会公平和正义，它以人的解放、人的自由平等权利的获得为前提，是国家、社会应然的根本价值理念。"法治"是治国理政的基本方式，依法治国是社会主义民主政治的基本要求。它通过法治建设来维护和保障公民的根本利益，是实现自由平等、公平正义的制度保证。

"爱国、敬业、诚信、友善"，是公民的基本道德规范，是从个人行为层面对社会主义核心价值观基本理念的凝练。它覆盖社会道德生活的各个领域，是公民必须恪守的基本道德准则，也是评价公民道德行为选择的基本价值标准。"爱国"是基于个人对自己祖国依赖关系的深厚情感，也是调节个人与祖国关系的行为准则。它同社会主义紧密结合在一起，要求人们以振兴中华为己任，促进民族团结、维护祖国统一、自觉报效祖国。"敬业"是对公民职业行为准则的价值评价，要求公民忠于职守、克己奉公、服务人民、服务社会，充分体现了社会主义职业精神。"诚信"即诚实守信，是人类社会千百年传承下来的道德传统，也是社会主义道德建设的重点内容。它强调诚实劳动、信守承诺、诚恳待人。"友善"强调公民之间应互相尊重、互相关心、互相帮助，和睦友好，努力形成社会主义的新型人际关系。

2. 西方的"普世价值"是不是真的普遍适用？

随着社会思想多元多样多变，价值观领域也面临来自多方面的挑战，特别是面临西方价值观日益严峻的渗透。"普世价值"就是一种极具迷惑性、欺骗性并且带有鲜明政治倾向的价值观。我们需要对此廓清思想迷雾，认清其实质和危害。

（1）"普世价值"在理论上的虚伪性。"普世价值"听上去既抽象又玄妙。那什么是"普世价值"呢？概括起来即普遍适用、永恒存在的价值。这种价值被认为打破了所有民族、种族、阶级、国家的界限，超越了一切文明、宗教、信仰的差异，并且不会因时代的变迁、社会形态的更替而有任何的改变。事实上，西方国家所谓的"普世价值"并非指人类道德评价、审美评价的普遍性或共性，而是特指资本主义价值观；推行的并不是人类共同的价值观，而是特定的价值观及其背后的经济政治文化制度。资本主义价值观是在资本主义生产方式基础上形成的，从根本上说，是为资产阶级利益服务的。资产阶级把自己的利益说成全体社会成员的共同利益，把自己的价值观以全人类的共同价值观装饰起来，其目的就是维护和攫取与之相关的最大利益。不难看出，西方所谓的"普世价值"从抽象的"人性论"出发，将人看作无差别的价值符号。事实上根本不存在抽象的人性，也没有放之四海而皆准的价值观及其相应的制度。正如习近平总书记所说："每个国家的政治制度都是独特的，都是由这个国家的人民决定的，都是在这个国家历史传承、文化传统、经济社会发展的基础上长期发展、渐进改进、内生性演化的结果。"[①]

[①]《习近平谈治国理政》第二卷，外文出版社2017年版，第286页。

（2）"普世价值"在实践上的虚伪性。其实，西方所谓的"普世价值"，在他们自己的世界里都未能真正"普适"。种族歧视、劳资对立、金钱政治、贫富分化、社会撕裂、人权无保障等问题，在一些西方国家长期存在且愈演愈烈，与他们所标榜的"普世价值"形成鲜明对比。无论是2011年爆发的"占领华尔街"运动，还是2020年美国警察暴力执法致黑人死亡而引发的抗议浪潮，都是对西方所谓"普世价值"的莫大讽刺。西方所谓的"普世价值"并不"普适"，更不是什么普照世界的"明灯"。长期以来，一些西方国家为了自己的政治经济利益和霸权野心，四处兜售"普世价值"，推行"和平演变"。东欧剧变、苏联解体、"阿拉伯之春"等，无一不是美西方插手造成的。在所谓的"普世价值"影响下，一些国家被折腾得不成样子，有的四分五裂，有的战火纷飞，有的混乱不堪，这种例子比比皆是。事实一再说明，随"普世价值"而至的并非"自由""民主""人权"的春天，而是民不聊生、生灵涂炭的严冬。

毛泽东同志曾经指出，凡是要推翻一个政权，总要先造成舆论，总要先做意识形态方面的工作。西方国家不遗余力、竭尽所能在全世界推行"普世价值"，难道真的是具有什么"菩萨心肠"，希望自由、民主、人权、平等之光普照大地吗？绝对不是，而是将其作为他们进行思想渗透的工具、颠覆政权的手段、西化分化的武器。如果任其煽风点火、大放厥词，那么只会是祸害无穷、祸国殃民。对此，我们必须保持高度警觉，认清其本质，揭穿其伪装，旗帜鲜明地加以反对和抵制。

3. 作为当代大学生，应该如何培育和践行社会主义核心价值观？

党的十九大报告指出，要把培育和践行社会主义核心价值观融入社会发展各方面。社会主义核心价值观是维系一个国家和民族的精神纽带，是推动一个国家全面、和谐和有序发展的灵魂所在。社会主义核心价值观建设，说到底是人的思想建设、灵魂建设，而青年是引风气之先的社会力量，青年的价值取向关系着自身的健康成长成才，决定着未来整个社会的价值取向。

大学时期是价值观养成的关键阶段。大学生的成长成才和全面发展，离不开正确价值观的引领。当今世界和当代中国都处于大变革之中。这种变革反映到人们的思想观念中，自然会产生多种多样的观点想法和价值理念。面对世界范围内各种思想文化交流交融交锋的新形势，面对整个社会思想观念呈现多元多样、复杂多变的新特点，大学生健康成长成才更加需要正确价值观的引领。正确的价值观能够引导大学生把人生价值追求融入国家和民族事业，始终站在人民大众立场，同人民一道拼搏、同祖国一道前进，服务人民、奉献社会，努力成为中国特色社会主义事业的合格建设者和可靠接班人。

核心价值观的养成绝非一日之功。"一种价值观要真正发挥作用，必须融入社会生活，让人们在实践中感知它、领悟它。"这就要求在培育和弘扬的过程中，下好落细、落小、落实的功夫。对于大学生而言，就是要切实做到勤学、修德、明辨、笃实，使社会主义核心价值观成为一言一行的基本遵循。

勤学。下得苦功夫，求得真学问。知识是树立社会主义核心价值观的重要基础。大学生正处于学习的黄金时期，要把学习作为一种精神追求、一种生活方式，以"韦编三绝""悬梁刺股"的毅力，以"凿壁借光""囊萤映雪"的劲头，努力扩大知识半径，既读有字之书，也读无字之书，砥砺道德品质，练就过硬本领。要努力掌握马克思主义理论，形成正确的世界观和科学的方法论，深化对社会主义核心价值观的认知认同。大学生要注重把所学知识内化于心，形成自己的见解，既有专攻，又要博览，努力掌握为祖国、为人民服务的真才实学，让勤于学习、敏于求知成为青春远航的动力。

修德。加强道德修养，注重道德实践。"德者，本也。"蔡元培说过，若无德，则虽体魄智力发达，适足助其为恶。德是首要，是方向，一个人只有明大德、守公德、严私德，其才方能用得其所。修德，既要立意高远，又要立足平实。要立志报效祖国、服务人民，这是大德，养大德者方可成大业。同时，还得从做好小事、修好小节起步，"见善则迁，有过则改"，踏踏实实修好公德、私德，学会劳动、学会勤俭，学会感恩、学会助人，学会谦让、学会宽容，学会自省、学会自律。

明辨。善于明辨是非，善于决断选择。培育和践行社会主义核心价值观，要增强自己的价值判断力和道德责任感，辨别什么是真善美、什么是假恶丑，自觉做到常修善德、常怀善念、常做善举。当前，在一些领域和一些人当中，价值判断没有了界限、丧失了底线，甚至以假乱真、以丑为美、以耻为荣。大学生要善于明辨是非，善于判断选择，旗帜鲜明地弘扬真善美、贬斥假恶丑，澄清模糊认识，匡正失范行为，自觉做良好道德风尚的建设者、社会文明进步的推动者。

笃实。扎扎实实干事，踏踏实实做人。道不可坐论，德不能空谈。于实处用力，做到知行合一，社会主义核心价值观才能内化为人们的精神追求，外化为人们的自觉行动。《礼记》中有"博学之，审问之，慎思之，明辨之，笃行之"。有人说："圣人是肯做工夫的庸人，庸人是不肯做工夫的圣人。"新时代青年有着大好机遇，关键是要迈稳步子、夯实根基、久久为功。心浮气躁，朝三暮四，学一门丢一门，干一行弃一行，无论学习还是创业，都是最忌讳的。"天下难事，必作于易；天下大事，必作于细。"成功的背后，永远是艰辛努力。青年大学生要把艰苦环境作为磨炼自己的机遇，把小事当作大事干，一步一个脚印往前走。滴水可以穿石，只要坚忍不拔、百折不挠，成功就一定在前方等你。

培育和践行社会主义核心价值观，既要目标高远，保持定力、不懈奋进，又要脚踏实地，严于律己、精益求精。新时代大学生要将社会主义核心价值观转化为人生的价值准则，勤学以增智、修德以立身、明辨以正心、笃实以为功，在激扬青春、开拓人生、奉献社会的进程中书写无愧于时代的壮丽篇章。

实践项目

项目一　视频分享

视频1　"生命摆渡人"汪勇

时间拉回到 2020 年 1 月 24 日，农历腊月三十除夕，华中枢纽武汉笼罩在新冠疫情的阴霾当中。

这天晚上 8 点，35 岁的汪勇无意中看到了一名护士的求助信息。由于受疫情影响，该名护士无法通过公交或出租车回家，走回家则路程遥远，需要花费 4 个小时。看到这个消息，汪勇的内心十分复杂：一方面，他心疼这名护士，想要帮一帮她；另一方面，他担心密切接触医护人员会有感染风险。经过 4 个小时的艰难斗争之后，善良战胜了懦弱，汪勇在 25 日凌晨 1 点拨通了这名护士的电话，成为医护人员在家与医院之间的"摆渡人"。之后，汪勇卸下了防备。之后的几个月中，他英勇地站到了防疫一线，每天只睡 4 个小时，为的就是为医护人员献出一份力。

疫情大暴发期间，汪勇主要做了以下几件事：其一，解决出行需求。他每天定点接送医护人员上下班，发动身边人员组建志愿车队接送医护人员。其二，解决饮食需求。他组织提供约 1.6 万份医护人员的餐食。其三，解决生活需求。他为医护人员修眼镜、修手机等。

视频2　微电影《志·愿》

　　微电影《志·愿》以抗美援朝志愿军空军飞行员老兵陶伟带领孙子参观鸭绿江断桥、抗美援朝飞行员烈士陵园和抗美援朝纪念馆为脉络，讲述了在抗美援朝战争中，空军飞行员英雄们保家卫国的感人故事。该影片真实再现了抗美援朝浴血奋战场景，全面展示了抗美援朝时期飞行员爱军报国、制胜蓝天的英姿与新一代飞行员对党忠诚、献身空军的形象；传递了空军官兵不忘初心、逐梦前行的强军志向与不负重托、履行使命的报国决心；表达了"英雄不会老去，精神永远相传"的思想内核。

　　值得敬佩和铭记的是，在抗美援朝战争的一次空战中，年仅19岁的陶伟发扬"空中拼刺刀"精神，与敌F-86战机近距离格斗，在距敌机仅120米处将其击落！

【活动方式】

　　教师将以上视频上传至学习平台，统一组织观看或让学生课后自行观看。观看结束后，学习小组成员在各小组内分享观看感受，要求每个成员都必须参与分享。小组选派代表根据小组成员的发言内容在班级分享，任课教师对其分享内容进行点评和总结。

【活动资料】

　　视频资源、多媒体教室。

【活动反思】

观后感
题目：
正文：
教师点评：

项目二 学思践悟——践行社会主义核心价值观 争做最美大学生

【活动主题】

践行社会主义核心价值观 争做最美大学生

【活动目的】

培育和践行社会主义核心价值观，是推进中国特色社会主义伟大事业、实现中华民族伟大复兴中国梦的战略任务。微电影展示活动以"践行社会主义核心价值观 争做最美大学生"为主题，运用新媒体新技术，通过微电影的设计、拍摄和制作，使学生深刻领会社会主义核心价值观的重要意义和科学内涵，将社会主义核心价值观转化为人生的价值准则，从现在做起、从自己做起，自觉践行社会主义核心价值观，为实现国家富强、民族复兴、人民幸福的中国梦凝聚强大的青春能量。通过微电影拍摄，充分发挥大学生的自主性，培养大学生观察、感悟、思考及解决实际问题的能力，提高大学生协调、审美、合作等方面的实践能力；提高大学生运用马克思主义的立场观点和方法分析和解决现实问题的实践能力；激励大学生形成认真思索、积极参与创作、敢于创新、乐于创新的精神风貌。

【活动安排】

1. 任课教师宣布实践活动主题，并明确实践活动要求。

2. 将学生分为若干学习小组（每组 5~7 人），并选定 1 人为小组长，负责小组各项工作。

3. 资料收集准备。各小组确定微电影内容，明确每位组员的分工。

4. 微电影制作。对微电影素材进行筛选和整理，然后制作成完整的微电影，可以加入具有趣味性的音频和片头，整个视频控制在 15 分钟以内。

5. 微电影路演。各组学生展示准备好的微电影，微电影结尾要体现所有成员的分工，并为路演做好相应的 PPT。

6. 评判打分。首先，由所有学生组成评判团，对除本组外的微电影投票，再抽取几位学生点评认为比较好的微电影。其次，由任课教师结合课堂表现和微电影内容打分。

7. 活动总结。任课教师对学生的发言进行评价和引导。

【活动评价】

活动展示和评比以小组为单位，每个小组完成微电影制作后，还需做好相应的PPT等素材，由1名代表进行微电影路演展示，教师根据考核评价标准划分等级。

微电影制作考核表

考核评价内容	教师评分	评价标准（满分100分）	考核等级
影片主题突出、视角独特、贴近生活、真实感人，引人深思、给人启迪（20分）		优：≥90分 良：75~89分 中：60~74分 差：<60分	
影片思想健康、格调高雅、结构新颖、情节紧凑，无拖沓、无缺失（20分）			
画面自然舒适，构图均衡、感光柔和；无画面抖动，无声音嘈杂混乱、音量忽高忽低现象（20分）			
画面艺术性强，音效音乐恰当（20分）			
演员表演张弛有度，服装道具精致，无穿帮镜头（10分）			
影片有片头、片尾包装，有字幕，含创作、演职人员名单（5分）			
其他（5分）			
教师点评：			

微电影路演考核表

考核评价内容	教师评分	评价标准（满分100分）	考核等级
思路清晰，能清楚介绍整个作品情况（25分）		优：≥90分 良：75~89分 中：60~74分 差：<60分	
能准确理解评委问题，回答问题思路清晰、逻辑严密、语言简洁流畅（25分）			
团队精神风貌好，仪表简洁大方，表现得体（20分）			
PPT结构清晰，有逻辑性，内容完整，重点突出，形式美观大方（20分）			
其他（10分）			
教师点评：			

经典故事

习题练习

一、单项选择题

1.（　　）是涵养社会主义核心价值观的重要源泉。

A.中华优秀传统文化

B.马克思主义理论

C.中华民族传统美德

D.中国特色社会主义理想信念

2.（　　）反映了人们对美好社会的期望和憧憬，是衡量现代社会是否高度发展、充满活力、和谐有序的重要标志。

A.富强、民主、文明、和谐

B.爱国、敬业、诚信、友善

C.爱岗、敬业、公平、正义

D.自由、平等、公正、法治

3.蔡元培曾经说："若无德，则虽体魄智力发达，适足助其为恶。"道德之于个人、之于社会，都具有基础性意义，做人做事第一位的是（　　）。

A.崇德修身

B.志存高远

C.明辨是非

D.自强自立

4.有人说："圣人是肯做工夫的庸人，庸人是不肯做工夫的圣人。"这句话表达做人做事要（　　）。

A.笃实

B.修德

C.诚信

D.爱国

5.（   ），其实就是一种德，既是个人的德，也是一种大德，就是国家的德、社会的德。

A.核心价值观

B.思想道德舆论

C.道德责任感

D.社会主义荣辱观

6.（   ）是一定社会形态、社会性质的集中体现，在一个社会的思想观念体系中处于主导地位。

A.核心价值观

B.共同理想

C.核心价值体系

D.荣辱观

7.（   ）承载着一个民族、一个国家的精神追求，体现着一个社会评判是非曲直的价值标准。

A.社会主义荣辱观

B.核心价值观

C.社会主义核心价值体系

D.社会主义核心价值观

8.（   ）是中国共产党执政的最深厚基础和最大底气，人民至上是社会主义核心价值观鲜明的价值立场。

A.国家

B.民族

C.人民

D.政党

9.（   ）是对待生产劳动和人类生存的一种根本价值态度。

A.爱国

B.诚信

C.敬业

D.友善

10.（   ）是社会主义核心价值观的根本特性。

A.先进性

B.人民性

C.真实性

D.实践性

11.社会主义核心价值观之所以彰显出强大的生命力、吸引力和感召力，正因其深深地扎根于（ ）的生动实践之中。

A.中国特色社会主义经济建设

B.中国特色社会主义政治建设

C.中国特色社会主义建设

D.中国特色社会主义文化建设

12.源远流长的（ ），是中华民族发展壮大的独特优势，也是社会主义核心价值观历史底蕴的集中体现。

A.社会主义先进文化

B.大众文化

C.中华优秀传统文化

D.中国特色社会主义文化

13.（ ）以无可辩驳的事实生动展示着社会主义核心价值观的生机活力。

A.中国特色社会主义经济建设

B.中国特色社会主义政治建设

C.中国特色社会主义建设

D.中国特色社会主义文化建设

14.（ ）是文化软实力的灵魂、文化软实力建设的重点。

A.核心价值观

B.民族精神

C.文化承载力

D.中华优秀传统文化

15.（ ）是人类社会进步的标尺，是社会主义制度的本质要求。

A.公正

B.友善

C.爱国

D.敬业

16.（ ）是维系良好人际关系和社会关系的基本价值准则，是构建和谐人际关系和社会关系的道德纽带，更是维护健康良好社会秩序的伦理基础。

A.文明

B.诚信

C.包容

D.友善

17.中国特色社会主义文化建设的根本是（　　）。

A.社会主义荣辱观

B.社会主义核心价值观

C.科学社会主义理论

D."三个代表"重要思想

18.（　　）是中华文明的核心价值理念。

A.创新

B.爱国

C.平等

D.和谐

19.（　　）是社会进步的重要标志，也是社会主义现代化国家的重要特征。

A.富强

B.民主

C.文明

D.和谐

20.（　　）是促进社会进步、人的自由全面发展的物质基础，体现了马克思主义唯物史观生产力标准的根本要求。

A.富强

B.民主

C.文明

D.和谐

二、多项选择题

1.一个国家的文化软实力，从根本上说，取决于其核心价值观的（　　）。

A.生命力

B.凝聚力

C.向心力

D.感召力

2.社会主义核心价值观是社会主义核心价值体系的精神内核，它体现了社会主义核心价值体系的( )。

A.基本特征

B.本质属性

C.根本性质

D.基本要求

3.社会主义核心价值观是对我们要( )等重大问题的深刻解释。

A.建设什么样的国家

B.建设什么样的社会

C.培育什么样的公民

D.培养什么样的人才

4.社会主义核心价值观的显著特征包括( )。

A.反映人类社会发展进步的价值理念

B.彰显人民至上的价值立场

C.因真实可信而具有强大的道义力量

D.吸纳世界文明有益成果

5.社会主义核心价值观和社会主义核心价值体系,两者是( )的。

A.互为依存

B.继承与发展

C.紧密联系

D.相辅相成

6.( )的价值追求,回答了我们要建设什么样的国家这一重大问题,揭示了当代中国经济社会发展的价值目标,从国家层面标注了社会主义核心价值观的时代刻度。

A.富强

B.民主

C.文明

D.和谐

7.马克思主义提出在生产力高度发展和生产资料公有制的基础上,建立真正实现人人平等的公平正义的社会,是迄今为止人类( )的价值追求。

A.最先进

B.最广泛

C.最真实

D.最突出

8.社会主义核心价值体系主要包括马克思主义指导思想、(　　)。

A.以爱国主义为核心的民族精神

B.以改革创新为核心的时代精神

C.社会主义荣辱观

D.中国特色社会主义共同理想

9.价值观(　　)。

A.反映特定的时代精神

B.体现鲜明的民族特色

C.蕴含特定的阶级立场

D.培养共同的群体意识

10.对于大学生而言,就是要切实做到(　　),使社会主义核心价值观成为一言一行的基本遵循。

A.勤学

B.修德

C.明辨

D.笃实

11.(　　)反映了人们对美好社会的期望和憧憬,是衡量现代社会是否高度发展、充满活力、和谐有序的重要标志。

A.自由

B.平等

C.公正

D.法治

12.(　　)这一价值追求回答了我们要培育什么样的公民的重大问题。

A.爱国

B.敬业

C.诚信

D.友善

13.社会主义核心价值观的(　　)使其具有更高的道义力量,充分彰显社会主义核心价值观的优越性及其在中华民族实现中国梦的奋斗中所具有的重大意义。

A.先进性

B.人民性

C.真实性

D.合理性

三、判断题

1.自由、平等、公正、法治，从国家层面标注了社会主义核心价值观的时代刻度。（　　）

2.只有建立共同的价值目标，一个国家和民族才会有赖以维系的精神纽带，才会有统一的意志和行动，才会有强大的凝聚力、向心力。（　　）

3.文化软实力的竞争，本质上是不同文化所代表的核心价值观的竞争。（　　）

4.在全社会大力弘扬社会主义核心价值观，是中国特色社会主义的铸魂工程。（　　）

5.人类社会发展的历史表明，对一个民族、一个国家来说，最持久、最深层的力量是全社会共同认可的核心价值观。（　　）

6.社会主义核心价值观是当代中国精神的集中体现，是中国特色社会主义道路、理论、制度、文化的价值表达，凝结着全体人民共同的价值追求。（　　）

7.核心价值观承载着一个民族、一个国家的精神追求，体现着一个社会评判是非曲直的价值标准。（　　）

8.社会主义核心价值观集中体现社会主义的本质属性，代表全体人民共同的价值追求。（　　）

9.随着每一次社会秩序的巨大历史变革，人们的观点和观念也会发生变革。（　　）

10.社会主义核心价值观倡导的民主是最广泛的民主，绝不以牺牲多数人利益为代价来保护少数人的利益，同时又尊重和照顾少数人，充分反映和协调各方面的意愿和利益。（　　）

11.社会主义核心价值观倡导的和谐，是人与人、人与社会、人与自然，以及人的自我身心的有机统一。（　　）

12.富强、民主、文明、和谐，反映了人们对美好社会的期望和憧憬，是衡量现代社会是否高度发展、充满活力、和谐有序的重要标志。（　　）

13.价值观对人的具体行为起着规范和引导作用，价值观不同的人，行为取向是相同的。（　　）

14.世界上各种文化之争，本质上是价值观念之争，也是人心之争、意识形态之争。（　　）

15.价值观是一成不变的。（　　）

16.如果一个民族、一个国家没有共同的核心价值观,莫衷一是,行无依归,那这个民族、这个国家就无法前进。(   )

17."普世价值"是人类社会共同的价值追求。(   )

四、简答题

1.简述社会主义核心价值观和社会主义核心价值体系的关系。

2.简述社会主义核心价值观的基本内容。

3.简述社会主义核心价值观的显著特征。

第五章

遵守道德规范 锤炼道德品格

知识网络

```
                    ┌─ 社会主义道德的核心与原则 ─┬─ 坚持马克思主义道德观
                    │                          ├─ 坚持以为人民服务为中心
                    │                          └─ 坚持以集体主义为原则
遵守道德规范        │                          ┌─ 传承中华传统美德
锤炼道德品格 ───────┼─ 吸收借鉴优秀道德成果 ───┼─ 发扬中国革命道德
                    │                          └─ 借鉴人类文明优秀道德成果
                    │                          ┌─ 遵守社会公德
                    │                          ├─ 恪守职业道德
                    └─ 投身崇德向善的道德实践 ─┼─ 弘扬家庭美德
                                               └─ 锤炼个人品德
```

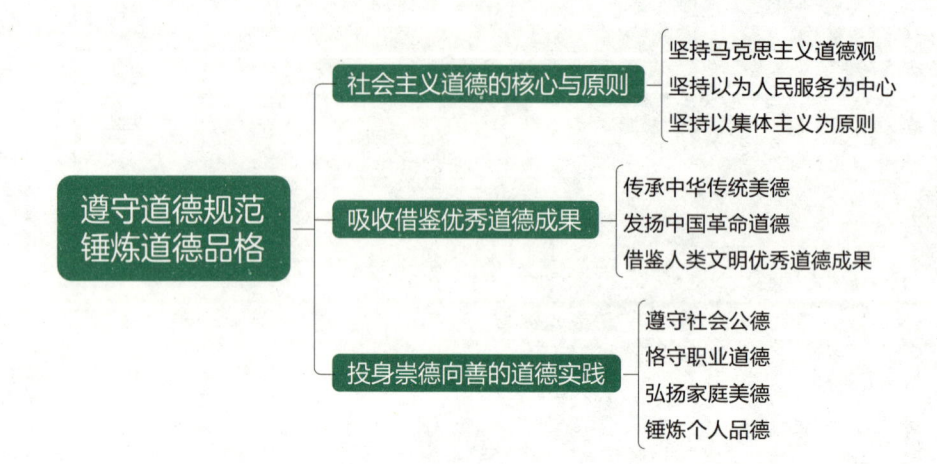

学习目标

通过对本章内容的学习，大学生能够对道德有更深刻的了解，能够吸收和借鉴优秀道德成果，遵守公民道德准则，对社会主义道德、社会公德、职业道德、家庭美德、个人品德等领域中的理论和知识有基本的了解，对社会生活领域中的道德规范及个人品德提升的路径有精准的把握。激发大学生形成善良的道德意愿、道德情感，培育正确的道德判断和道德责任，提高道德实践能力尤其是自觉践行能力，成为社会主义建设所需要的人才。

理论要点

习近平总书记关于社会主义道德建设、坚持人民至上、传承中华传统美德等方面都有重要论述，我们要进一步明确为人民服务作为社会主义道德核心的地位，落实深化爱国主义、集体主义、社会主义教育的要求，树立马克思主义道德观，弘扬社会主义道德。我们要坚定历史自信、文化自信，胸怀天下，自觉传承中华传统美德、发扬中国革命道德和借鉴人类文明优秀道德成果。我们要弘扬劳动精神、奋斗精神、奉献精神等，在崇德向善的实践中不断锤炼道德品格、提升道德境界。

答疑解惑

1. 在社会主义市场经济条件下，集体主义已经过时了吗？

集体主义既反映社会主义社会利益关系的根本要求，也反映社会主义经济关系的根本要求。在社会主义市场经济条件下，集体主义并未过时，仍然可以作为社会主义道德的基本原则。这是因为集体主义有助于克服市场自身的弱点和消极方面，有助于形成追求高尚、激励先进的良好社会风气，保证社会主义市场经济的有序健康发展。随着社会主义市场经济的发展，我国的经济生活领域正发生着深刻的变化，在道德领域也面临许多新问题。为了更好地应对这些新变化和新问题，我们需要进一步坚持、丰富和完善集体主义原则。

集体主义并没有过时，离我们也并不遥远，就存在于我们的学习、工作、生活之中。人人都可以而且应当践行集体主义，沿着道德的阶梯努力向上攀登。当代大学生应正确认识和处理国家、社会和个人三者的利益关系，自觉坚持个人利益服从集体利益、局部利益服从整体利益、当前利益服从长远利益，反对小团体主义、本位主义和极端个人主义。

2. 职业有高低贵贱之分吗？

有人认为，从事脑力劳动的职业比从事体力劳动的职业更高级，看不起普通劳动者；有人认为，能够不劳而获，甚至一夜暴富的职业是令人向往的。其实劳动没有高低贵贱之分，只是每个人从事的职业有区别而已，任何一种职业都是光荣的。因为幸福源自劳动，平凡孕育伟大，成功在于奉献。我们要牢记劳动最光荣、劳动最崇高、劳动最伟大、劳动最美丽，这才是正确的劳动观。

2015年4月28日，习近平总书记在庆祝"五一"国际劳动节暨表彰全国劳动模范和先进工作者大会上讲道："在我们社会主义国家，一切劳动，无论是体力劳动还是脑力劳动，都值得尊重和鼓励；一切创造，无论是个人创造还是集体创造，也都值得尊重和鼓励。全社会都要贯彻尊重劳动、尊重知识、尊重人才、尊重创造的重大方针，全社会都要以辛勤劳动为荣、以好逸恶劳为耻，任何时候任何人都不能看不起普通劳动者，都不能贪图不劳而获的生活。"

每个大学生都会面临就业的现实，大学阶段也是为择业、创业准备知识、品德、能力的阶段，因此大学生应树立正确的劳动观、择业观和创业观，这对大学生顺利开始职业生活具有现实意义。

3. 网络生活中需要道德要求吗？

中国互联网络信息中心（CNNIC）于2023年3月2日在北京发布第51次《中国互联网络发展状况统计报告》（以下简称《报告》）。《报告》显示，截至2022年12月，我国网民规模达 10.67 亿人，较 2021 年 12 月增长 3549 万人，互联网普及率达 75.6%。网络已经走进千家万户，融入社会生活的方方面面，不断影响着人们的求知途径、思维方式、价值观念，同时也影响着人们对国家、社会、人生的看法。

从本质上说，网络交往仍然是人与人的现实交往，网络生活也是人的真实生活，仍然需要道德约束。网络生活中的道德要求，是人们在网络生活中为了维护正常的网络公共秩序而需要共同遵守的基本道德准则，是社会公德在网络空间的运用和扩展。大学生应该在网络生活中自觉遵守以下道德要求：

（1）正确使用网络工具。提高信息获取能力，加强信息辨识能力，增进信息应用能力，使网络成为开阔视野、提升素质的重要工具。

（2）加强网络文明自律。进行健康网络交往，自觉避免沉迷网络，加强网络道德自律。

（3）营造良好网络道德环境。一方面，自觉抵制网络欺诈、造谣、诽谤、谩骂、歧视、色情、低俗等内容，反对网络暴力行为，维护网络道德秩序。另一方面，带头引导网络舆论，对模糊认识要及时廓清，对怨气怨言要及时化解，对错误看法要及时纠正，促进网络空间日益清朗。

实践项目

项目一　视频分享

视频 1　焦裕禄——全心全意为人民服务的公仆

兰考县地处豫东黄河故道，曾是个饱受风沙、盐碱、内涝之患的老灾区。1962 年，焦裕禄被调到兰考县任县委书记。从第二天起，他就深入基层调查研究，拖着患有慢性肝病的身体，在一年多的时间里跑遍了全县 140 多个大队中的 120 多个。

在带领全县人民封沙、治水、改地的斗争中，焦裕禄身先士卒，以身作则。风沙最大的时候，他带头查风口、探流沙；大雨瓢泼的时候，他带头蹚着齐腰深的洪水察看洪水流势；风雪铺天盖地的时候，他率领干部访贫问苦，登门为群众送救济粮款。他经常钻进农民的草庵、牛棚，与他们同吃同住同劳动。他把群众同自然灾害作斗争的宝贵经验，一点一滴收集起来，成为全县人民的共同财富，成为全县人民战胜灾害的有力武器。

1964年5月14日，焦裕禄被肝癌夺去了生命，年仅42岁。他临终前对组织提出的唯一的要求，就是"把我运回兰考，埋在沙堆上。活着我没有治好沙丘，死了也要看着你们把沙丘治好"。焦裕禄去世后，一代代共产党人在兰考接力奋斗，不仅实现了他治好沙丘的遗愿，更是让这片土地发生了翻天覆地的变化。

视频2　创业青年张凌返乡"再创业"，山里乡亲收获"幸福果"

张凌1985年出生于箐口村，该村属贵州省毕节市大方县猫场镇。他考上大学，家里卖了耕地的老黄牛，也没凑齐学费，是村民众筹才让他顺利走进大学校园。走通了大城市的路，为啥还要回到穷山沟？"因为山里还没路！"张凌的回答斩钉截铁。学习是为了走出大山，也是为了回报大山。拔穷根，不能靠把钱送到人手上，更要把乡亲们领上致富路——张凌"回家了"。2017年3月，村两委换届，张凌当选村主任。从此，箐口村有了"有知识、懂管理、会经营"的带路人。

猫场镇的土壤呈弱酸性，正好适合种猕猴桃。他发动村民种植猕猴桃，提高了全村人的收入。他还借鉴创业时的经验，以"箐口"为谐音注册了"沁口"商标。在张凌的带领下，几年光景，穷旮旯就有了大变化，2019年底箐口村整村脱贫。当年11月，张凌获得共青团中央、农业农村部授予的第十一届"全国农村青年致富带头人"荣誉称号。

【活动方式】

教师将以上视频上传至学习平台，统一组织观看或让学生课后自行观看。观看结束后，学习小组成员在各小组内分享观看感受，要求每个成员都必须参与分享。小组选派代表根据小组成员的发言内容在班级分享，任课教师对其分享内容进行点评和总结。

【活动资料】

视频资源、多媒体教室。

【活动反思】

观后感
题目：
正文：
教师点评：

项目二　学思践悟——开展志愿活动 服务老年群体

【活动主题】

开展志愿活动 服务老年群体

【活动目的】

尊老爱幼是中华民族的传统美德，然而在今天这个物质生活愈加丰富的年代里，社会上却有着许多孤独无依的"空巢"老人。新时代的大学生和青年志愿者应主动担负起这个社会责任，继续发扬中华民族的传统美德。通过组织老年服务志愿活动，使学生以实际行动为老人送温暖、献爱心，增强学生继承和弘扬尊老、敬老传统美德的意识，营造社会尊老、敬老、爱老的良好风尚。

【活动安排】

1. 任课教师宣布实践活动主题，明确实践要求。

2. 将大学生分为若干学习小组（8~10 人），并指定 1 人为小组组长，负责小组内的工作。

3. 确定本次志愿活动的目标人群，例如，是社区居家的老年人，还是集中在养老院或敬老院生活的老年人。

4. 目标人群确定后，以小组为单位撰写实践活动方案，内容包含与服务对象所在地相关负责人联系沟通、了解服务对象的需求、人员召集、经费筹集、物资筹备、志愿活动的具体内容、往返交通、活动安全等问题。实践活动方案撰写完成后，提交任课教师审阅，并针对任课教师提出的建议进行调整。

5. 各组按照实践活动方案开展活动，任课教师随组参与活动并给予相关现场指导。

6. 活动结束后，各组之间交流和分享各自的活动开展情况。每人写一篇活动心得体会，内容包含本次实践活动的主题、人物、时间、地点、活动内容、感受和启发等。

7. 任课教师对各组开展的志愿活动进行点评和总结，引导学生总结活动经验，树立服务意识和敬老意识。

【活动评价】

活动展示和评比以小组为单位，每个小组讨论交流后，由 1 名代表分享心得体会，教师根据实践活动情况，结合考核评价标准评出等级。

服务老年人志愿活动

考核评价内容	教师评分	评价标准 （满分 100 分）	考核等级
实践活动方案完整性（25 分）		优：≥ 90 分 良：75~89 分 中：60~74 分 差：< 60 分	
实践活动按照方案执行情况（25 分）			
实践活动结束后分享情况（20 分）			
实践活动心得（20 分）			
其他（10 分）			
教师点评：			

服务老年人志愿活动心得体会

📋 经典故事

📖 习题练习

一、单项选择题

1.自古以来，人们就在探讨道德起源并提出了种种见解和理论，其中马克思主义道德起源观是（   ）。

A.天意神启论

B.先天人神论

C.情感欲望论

D.生产方式论

2.马克思主义道德观认为，道德起源的首要前提是（   ）。

A.实践

B.自我意识

C.社会关系

D.劳动

3.马克思主义道德观认为，（   ）是道德赖以产生的客观条件。

A.社会关系

B.自我意识

C.生产方式

D.生产力

4.马克思主义道德观认为，（   ）是道德产生的主观条件。

A.人的自我意识

B.人类语言

C.思维能力

D.判断能力

5.马克思主义道德观认为，道德在本质上是（   ）的特殊调节方式。

A.社会经济关系

B.社会利益关系

C.社会政治形态

D.社会意识形态

6.马克思主义道德观认为，道德是反映（　　）的特殊意识形态。

A.社会政治关系

B.社会经济关系

C.社会文化关系

D.社会舆论关系

7.道德是一种以指导人的行为为目的、以形成人的正确行为方式为内容的精神，在本质上是（　　）。

A.知行合一的

B.主客观一致的

C.实践和认识和谐的

D.现实和未来发展的

8.中华传统美德内容丰富、博大精深，"重视整体利益，强调责任奉献"是中华传统美德的基本精神之一。在中华传统美德的诸多论辩中，其核心和本质的论辩是（　　）。

A.义利之辩

B.理欲之辩

C.公私之辩

D.生死之辩

9.在对待传统道德的态度上，下列说法正确的是（　　）。

A.道德建设的最终目标是要形成以中国传统文化为主体的道德体系

B.中国传统道德整体上在今天已经失去了价值和意义

C.必须从整体上对中国传统道德予以否定

D.要从文化自觉和文化自信出发，加强对中华传统美德的挖掘和阐发

10.中国革命道德萌芽于（　　），经过长期发展逐渐形成并不断发扬光大。

A.土地革命前后

B.中国共产党成立以后

C.五四运动前后

D.抗日战争后

11.为什么人服务是道德的核心问题，社会主义道德的核心是（　　）。

A.为政党服务

B.为人民服务

C.为军队服务

D.为群众服务

12.社会主义道德的基本原则是（　　）。

A.集体主义

B.个人主义

C.整体主义

D.国家主义

13.关于集体主义，下列说法正确的是（　　）。

A.集体主义强调国家利益、社会整体利益和个人利益的辩证统一

B.集体主义强调国家利益、社会整体利益与个人利益同等重要

C.集体主义重视和保障个人利益

D.集体主义就是团体主义或本位主义

14.集体主义道德要求是有层次的，其中对公民最基本的道德要求是（　　）。

A.无私奉献、一心为公

B.先公后私、先人后己

C.顾全大局、遵纪守法、热爱祖国、诚实劳动

D.助人为乐、文明礼貌、爱岗敬业、奉献社会

15.公共生活是相对私人生活而言的，具有鲜明的（　　），对社会的影响更为直接和广泛。

A.封闭性和隐秘性

B.开放性和透明性

C.公共性和社会性

D.群体性和丰富性

16.关于择业与创业观，下列说法错误的是（　　）。

A.职业活动是人们谋生的手段，从理想的角度看谈不上崇高与否

B.择业和创业既要考虑个人的兴趣和意愿，也要充分考虑社会的需要

C.大学生树立正确的择业观和创业观，要培养敢于创业的勇气和能力

D.任何一名劳动者，只要兢兢业业、精益求精，就一定能够造就闪光的人生

17.家庭是社会的基本细胞，是人生的第一所学校。不论时代发生多大变化，生活格局发生多大变化，都要重视家庭建设，注重家庭、家教、家风。家庭教育涉及很多方

面，其中最重要的是（　　）。

A.心理健康

B.品德教育

C.智力开发

D.情商培育

18.关于恋爱中的道德规范，下列说法有失偏颇的是（　　）。

A.尊重人格平等

B.自觉承担责任

C.财务点滴独立

D.文明相亲相爱

19.在现实生活中，社会公德、职业道德和家庭美德的状况，最终都是以每个社会成员的道德品质为基础的。个人品德是通过社会道德教育和个人自觉的道德修养形成的（　　）心理状态和行为习惯。

A.一般的

B.一定的

C.特殊的

D.稳定的

20.《礼记·中庸》中提道："道也者，不可须臾离也，可离非道也。是故君子戒慎乎其所不睹，恐惧乎其所不闻。莫见乎隐，莫显乎微，故君子慎其独也。"这里的核心思想指的是道德修养方法的（　　）。

A.慎独自律

B.省察克治

C.学思并重

D.积善成德

二、多项选择题

1.与历史上一切剥削阶级道德相比，社会主义道德的先进性有（　　）。

A.社会主义经济基础的反映

B.对人类优秀道德资源的批判继承和创新发展

C.克服了以往阶级社会道德的片面性和局限性

D.通过社会舆论和国家强制力量维持

2.在道德的功能系统中，主要的功能包括（　　）。

A.认识功能

B.导向功能

C.规范功能

D.调节功能

3.以下体现注重整体利益，强调责任奉献的是（　　）。

A.夙夜在公

B.见贤思齐焉，见不贤而内自省也

C.以公灭私，民其允怀

D.苟利国家生死以

4.在对待传统道德的问题上，下列属于错误思潮的是（　　）。

A.坚持文化复古主义，中国的落后就是因为儒家文化的失落

B.吸取借鉴优良的道德文明成果

C.实行历史虚无主义，中国要全盘西化

D.古为今用、推陈出新

5.以下体现推崇"仁爱"原则，注重"以和为贵"基本精神的是（　　）。

A.己欲立而立人

B.亲亲而仁民

C.仁者自爱

D.兼相爱，交相利

6.中国革命道德的主要内容是（　　）。

A.全心全意为人民服务

B.始终把革命利益放在首位

C.树立社会新风，建立新型人际关系

D.修身自律，保持节操

7.中华民族历来就有一种对国家、社会的使命感、责任感，具有忧患意识，强调为国家、为民族、为整体利益而献身的精神，这是中华民族的优良道德传统之一。下列能够反映和体现这种优良道德传统的是（　　）。

A.尽人事，以听天命

B.位卑未敢忘忧国

C.天下兴亡，匹夫有责

D.苟利国家生死以，岂因祸福避趋之

8.集体主义的道德要求是（　　）。

A.无私奉献、一心为公

B.先公后私、先人后己

C.顾全大局、遵纪守法、热爱祖国、诚实劳动

D.追求自我价值，实现自身发展

9.道德发挥其功能的方式主要有（　　）。

A.内心信念

B.社会舆论

C.国家强制力

D.传统习俗

10."只有在集体中，个人才能获得全面发展其才能的手段，也就是说，只有在集体中才可能有个人利益。"这说明（　　）。

A.没有集体利益，就不可能有个人利益

B.集体主义坚决排斥个人利益和个性自由

C.广大人民只有靠集体奋斗才能实现自身的正当利益

D.只有集体的事业兴旺发达，才能保障个人的正当利益充分实现

11.在参加志愿服务和学雷锋活动中，大学生要努力做（　　）的时代先锋。

A.传播文明

B.引领风尚

C.营造和谐

D.道德模范

12.自觉学习道德模范，就要学习这些模范的（　　）。

A.助人为乐，关爱他人

B.见义勇为，勇于担当

C.以诚待人，守信践诺

D.孝老爱亲，血脉相依

13.大学生应当树立的正确创业观包括（　　）。

A.要有积极创业的思想准备

B.要有敢于创业的勇气

C.要提高创业的能力

D.要有雄厚的学历背景

14.结婚是指男女双方依照法律规定的条件和程序，确立夫妻关系的法律行为。结婚必须具备的条件是(　　)。

A.男女双方自愿原则

B.符合一夫一妻制原则

C.达到法定年龄原则

D.男女双方身体健康原则

15.男女双方培养感情的过程或在爱情基础上进行的相互交往活动，就是人们通常所说的恋爱。恋爱是(　　)。

A.爱情至上原则

B.尊重人格平等

C.自觉承担责任

D.文明相亲相爱

16.社会生活基本上可以分为(　　)。

A.公共生活

B.职业生活

C.婚姻家庭生活

D.网络虚拟世界生活

17.维护公共秩序的基本手段是(　　)。

A.道德

B.法律

C.舆论

D.政策

18.在人与人之间的关系层面上，社会公德主要体现为(　　)。

A.爱护其他公物

B.维护公共秩序

C.举止文明

D.尊重他人

19.大学生在网络生活中加强社会公德自律的基本要求是(　　)。

A.健康进行网络交往

B.正确使用网络工具

C.养成网络自律精神

D.自觉避免沉迷网络

20.志愿服务的精神是（　　）。

A.奉献

B.友爱

C.互助

D.进步

三、判断题

1.道德的本质是由经济基础决定的。　　　　　　　　　　　　　　　（　　）

2.道德修养要与人们改造客观世界和主观世界的实践活动相联系。　　（　　）

3.道德对经济关系的反映不是消极被动的，而是能动的。　　　　　　（　　）

4.继承和弘扬中华民族优良道德传统是加强社会主义道德建设的内在要求。（　　）

5.集体主义重视和保证个人的一切利益。　　　　　　　　　　　　　（　　）

6.公民基本道德规范通俗易懂，适用于不同的社会群体。　　　　　　（　　）

7.诚信是大学生进入社会的通行证。　　　　　　　　　　　　　　　（　　）

8.只有毫不利己、专门利人才是为人民服务。　　　　　　　　　　　（　　）

9.共产主义道德与社会主义道德在本质上不是同一类型的道德。　　　（　　）

10.为人民服务是分层次的，既有先进性，又有广泛性。　　　　　　（　　）

11.有序的公共生活是国家现代化的一个重要标志。　　　　　　　　（　　）

12.恋爱也要受到道德的约束。　　　　　　　　　　　　　　　　　（　　）

四、简答题

1.道德的作用是什么？

2.中华传统美德的基本精神是什么？

3.职业生活中的基本道德规范是什么？

第六章 学习法治思想 提升法治素养

知识网络

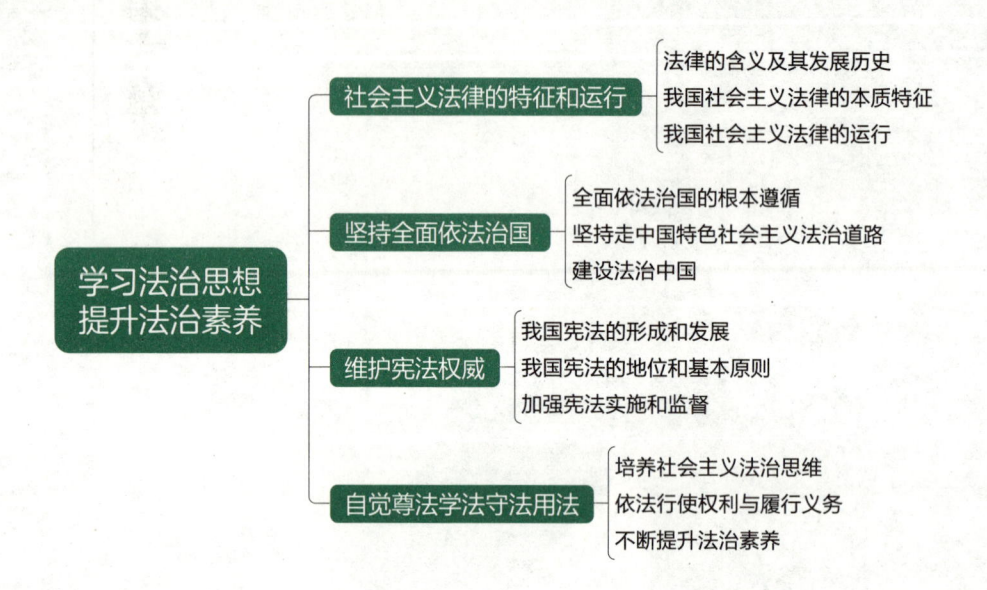

```
                          ┌─ 社会主义法律的特征和运行 ─┬─ 法律的含义及其发展历史
                          │                            ├─ 我国社会主义法律的本质特征
                          │                            └─ 我国社会主义法律的运行
                          │
                          ├─ 坚持全面依法治国 ─┬─ 全面依法治国的根本遵循
  学习法治思想              │                    ├─ 坚持走中国特色社会主义法治道路
  提升法治素养 ─────────────┤                    └─ 建设法治中国
                          │
                          ├─ 维护宪法权威 ─┬─ 我国宪法的形成和发展
                          │                ├─ 我国宪法的地位和基本原则
                          │                └─ 加强宪法实施和监督
                          │
                          └─ 自觉尊法学法守法用法 ─┬─ 培养社会主义法治思维
                                                   ├─ 依法行使权利与履行义务
                                                   └─ 不断提升法治素养
```

学习目标

通过对本章内容的学习，大学生能够准确把握法律的含义和发展历史，理解我国社会主义法律的本质特征和运行过程；掌握习近平法治思想的形成过程、重大意义和主要内容，明确坚持走中国特色社会主义法治道路的原则，了解建设中国特色社会主义法治体系的主要内容；掌握我国宪法的形成、发展，以及确立的基本原则，理解加强宪法实施与监督的重要性，维护宪法权威；明晰法治思维的内涵和基本内容，培养社会主义法治思维方式，使学生养成心中有法、自觉守法、解决问题用法的良好习惯；准确把握法律权利和法律义务的内涵，了解我国宪法规定的公民基本权利与义务，引导大学生树立正确的权利义务观，妥善处理学习、生活中遇到的法律问题和各种矛盾，不断提高自己的法治素养。

理论要点

正确认识社会主义法律的本质特征和运行规则，整体把握中国特色社会主义法律体系和法治道路，自觉培养法治思维，最终落实到行动上，即依法行使权利与履行义务，从而提升自己的法治素养，积极参与和推动社会主义法治国家建设。

第六章 学习法治思想 提升法治素养

答疑解惑

1. 治理国家、治理社会为什么必须坚持依法治国和以德治国相结合？

（1）法治是保障国家和社会秩序的基本手段，规范的是社会生活、政治生活与个人行为的底线，对于维系社会秩序来说，它是基本的。而德治对社会秩序的维持主要靠社会教育教化、风俗环境影响、社会舆论监督，以及社会成员的自觉意识来完成的。法治和德治对社会成员都具有约束作用，只有让法治和德治共同发挥作用，才能使法律与道德相辅相成。

（2）坚持法治和德治相结合，是对古今中外治国经验的深刻总结。我国既有悠久的法治传统，又有厚重的道德传承。从孔子提出"宽猛相济"，到孟子提出"徒善不足以为政，徒法不能以自行"，从荀子提出"隆礼重法"，到汉代董仲舒强调"阳为德，阴为刑"，从唐代提出"制礼以崇敬，立刑以明威"，到宋元明清时期一直延续的德法合治，都体现了德治与法治相结合的治国之道。从世界范围看，凡是社会治理比较有效的国家，大都坚持把法治作为治国的基本原则，同时注重用道德调节人们的行为。

（3）坚持法治和德治相结合，是中国特色社会主义法治道路的一大优势。经过长期的实践探索，我们走出了一条自己的法治道路，使法治建设取得历史性成就。这条法治道路的内涵十分丰富，其中一个重要方面就是坚持法治、德治"两手抓、两手都要硬"。立足当前、面向未来，要把依法治国基本方略实行好，最关键的就是要坚持走我国自己的法治道路，发挥好这条道路的鲜明特色和突出优势。这就要求我们要更好地坚持依法治国和以德治国相结合，切实推进以德治为基础的法治建设、以法治为保障的德治建设。

（4）坚持法治和德治相结合，也是现实的迫切要求。当前，我国改革发展进入关键阶段，要应对前所未有的矛盾、风险和挑战，必须从根本上全面推进依法治国。应当清醒地看到，我国法治建设还存在许多不适应、不符合的问题，要解决好这些问题单靠法治是不够的，必须着眼全局、系统谋划，特别要立足我国历史传统和现实国情，重视加强道德教育和思想引导，着力培植人们的法律信仰和法治观念，营造全社会立规矩、讲规矩、守规矩的文化环境，使法律和道德在国家和社会治理中共同发挥作用。

2. 如何认识我国社会主义法律的本质和作用？

中国特色社会主义法律体系是以宪法为统帅，以法律为主干，以行政法规、地方性法规为重要组成部分，由宪法及宪法相关法、民法商法、行政法、经济法、社会法、刑法、诉讼与非诉讼程序法等多个法律部门组成的有机统一整体。它是一个统一、系统、

分层的科学体系，具有动态、开放和与时俱进的发展要求。在中国共产党的正确领导下，经过各方面坚持不懈的共同努力，我国立法工作取得了举世瞩目的巨大成就，我国社会主义法律为建设中国特色社会主义提供了根本制度保障。

（1）我国社会主义法律的本质。从本质上说，我国社会主义法律是中国特色社会主义制度的重要组成部分，是党领导人民当家作主的制度保障。

我国社会主义法律体现了党的主张和人民意志的统一。我国社会主义法律既具有鲜明的阶级性，又具有广泛的人民性，体现了阶级性与人民性的统一。我国是中国共产党领导下的社会主义国家，人民是国家的主人，制定法律的权力属于人民。

我国社会主义法律具有科学性和先进性。我国社会主义法律反映的不是少数人的特殊利益，而是全体人民的共同利益，尽管其具体内容会随着经济社会的发展而调整变化，但它与历史发展的基本方向和规律是一致的。

我国社会主义法律是中国特色社会主义建设的重要保障。我国法律的社会作用体现了社会主义的本质要求，经济发展、政治清明、文化昌盛、社会公正、生态良好，都离不开社会主义法律的引领、规范和保障。

（2）我国社会主义法律的作用。我国社会主义法律主要有四个方面的作用。第一，维护和巩固人民民主专政的国家制度。主要表现在四个方面：维护人民的民主权利、具有对敌人实行专政的功能、对改革和不断完善我国的政治体制发挥着重要作用。第二，促进和保障社会主义经济建设。主要体现在两个方面：一方面，法律确认和维护社会主义基本经济制度，即生产资料的社会主义公有制；另一方面，法律维护和促进了经济体制改革，建立和完善社会主义市场经济体制是我国经济体制改革的目标。第三，保障和促进社会主义精神文明建设，主要体现在两个方面：一方面，法律促进了精神文明建设中的思想建设；另一方面，法律促进了精神文明建设中的文化建设。第四，保障和促进对外交往。随着我国改革开放的不断深入和社会主义市场经济的进一步发展，法律在我国对外经济技术文化交往和合作的过程中，将发挥越来越大的作用。

3. 为什么全面推进依法治国必须坚持党的领导？

（1）党的领导与全面依法治国的关系。中国特色社会主义的本质特征就是坚持中国共产党领导，因此中国特色社会主义法治建设也离不开中国共产党的领导。当代中国特色社会主义法治建设是全面推进依法治国，其内容包括依法治国、依法执政、依法行政共同推进，法治国家、法治政府、法治社会一体建设。这是一个庞大的系统工程，需要有一个领导主体对这一系统工程作整体谋划、统筹安排、重点攻关，需要有一个领导主体在推进这一系统工程实施的过程中保证其系统性、整体性、协同性。有能力对全面依法治国作全面领导、整体谋划、统筹安排、协同推进的主体，只有中国共产党。

推进全面依法治国是一个非常艰难的、具有大型社会改造性质的工程，涉及理论创新、制度完善、机制变革、文化重塑，其中每个方面都需要付出巨大、艰苦的努力。重塑指导人们在社会交往的各个领域的文化观念是一个困难的任务。我国社会曾是一个长期处于农耕文明封建制度治理下的社会，目前在人们的价值观念、行为习惯、交往文化等方面还具有相当浓厚的封建文化的残余。要使理论有所创新、制度获得完善、机制得以更新、文化得到改造，要使中国社会彻底摆脱农耕文明落后文化的影响，使人们的交往在一个体现公平正义的全新的社会规则体系中进行，必须有一个具备先进文化价值观念，由先进理论武装起来的，具有理论创新能力、制度改革能力、文化引领能力和实践执行能力的政党来担负领导责任，中国共产党就是这样一个具备充分领导能力的政治主体。因此，全面依法治国必须坚持党的领导，同时党的领导也离不开全面依法治国。习近平总书记强调，"坚持党的领导，更加注重改进党的领导方式和执政方式"。只有相对科学的、良好的领导方式、执政方式，才能促进人民群众对我们党的信赖和支持，党的领导地位才能稳定，党的执政地位才能长期延续。

坚持中国共产党的领导的根本目的就是维护、保障、实现全体中国人民的共同利益、根本利益，维护、保障、实现全体中国人民每一个成员的各项权利和合法权益。人民的共同利益、根本利益，人民的各项权利、合法权益都由人民的代表通过立法的方式得以表达、体现，而这一立法过程也是党的主张和人民的意愿得以融合、统一的过程。中华人民共和国的法是党的主张和人民意愿的统一体现。所以，中国共产党的宗旨和坚持党的领导目的要求我们党要依照宪法和法律去执政，就是要通过依法执政、依宪执政切实保证实现人民的根本利益和社会每一个成员的各项权利和合法权益。

（2）党领导全面依法治国的内涵。坚持党对全面依法治国的领导这一命题有着科学的内涵。习近平总书记指出："坚持党的领导，不是一句空的口号，必须具体体现在党领导立法、保证执法、支持司法、带头守法上。"习近平总书记曾反复强调这一命题的具体内涵，他指出，"全面依法治国，核心是坚持党的领导、人民当家作主、依法治国有机统一，关键在于坚持党领导立法、保证执法、支持司法、带头守法"。习近平总书记强调，"党的领导是社会主义法治最根本的保证"。全面依法治国决不是要削弱党的领导，而是要加强和改善党的领导，不断提高党领导依法治国的能力和水平，巩固党的执政地位。必须坚持实现党领导立法、保证执法、支持司法、带头守法，健全党领导全面依法治国的制度和工作机制，通过法定程序使党的主张成为国家意志、形成法律，通过法律保障党的政策有效实施，确保全面依法治国正确方向。

实践项目

项目一 视频分享

视频1 中国法治进程

经过全国人民的讨论，凝聚全民智慧和领袖思想的新中国宪法草案在1954年召开的第一届全国人民代表大会第一次会议上获得一致通过，法学界称这部宪法为"五四宪法"。这是中国历史上第一部社会主义性质的宪法，使中国法律焕然一新，不再为皇权和少数统治者服务，成为维护民主和最大多数人民权利的力量。党的十一届三中全会确定了改革开放的基本国策，社会主义法治建设也进入了新的阶段。1979年刑法、刑事诉讼法等7部法律的出台，标志着我国法治进程加速前进。党的十八大以后把全面依法治国提升到了一个新的高度。2018年3月11日，十三届全国人大一次会议通过了宪法修正案，确立了习近平新时代中国特色社会主义思想在国家政治和社会生活中的指导地位，构建了人民代表大会制度下的"一府一委两院"的国家机构组织体系。经过新中国70多年的努力，以宪法为核心的中国特色社会主义法律体系基本建立，刑法、民法典基本完备，刑事诉讼法、民事诉讼法、行政诉讼法三大诉讼法齐全。党十九大以后，国家法治建设一般包括四个内容：科学立法、严格执法、公正司法、全民守法。新中国成立以来，人民期待法治，期待中华民族伟大复兴。中国特色社会主义法律体系正在日臻完善，为国家治理体系和治理能力现代化奠定了坚实的法律基础。

视频2 习近平"典"亮新时代——全面依法治国篇

习近平总书记谈道："人类社会发展的事实证明，依法治理是最可靠、最稳定的治理，要善于运用法治思维和法治方式进行治理。""奉法者强则国强，奉法者弱则国弱。"

我们要以宪法为最高法律规范，继续完善以宪法为统帅的中国特色社会主义法律体系，把国家各项事业和各项工作纳入法治轨道。各级领导干部要以身作则、率先垂范，说到的就要做到，承诺的就要兑现。要坚持勤俭办一切事业，坚决反对讲排场比阔气，坚决抵制享乐主义和奢靡之风。不论什么人，不论其职务多高，只要触犯了党纪国法，都要受到严肃追究和严厉惩处，这绝不是一句空话。公平正义是政法工作的生命线，司法机关是维护社会公平正义的最后一道防线，政法战线要肩扛公正天平，手持正义之剑，以实际行动维护社会公平正义，让人民群众切实感受到公平正义就在身边。

【活动方式】

教师将以上视频上传至学习平台，统一组织观看或让学生课后自行观看。观看结束后，学习小组成员在各小组内分享观看感受，要求每个成员都必须参与分享。小组选派代表根据小组成员的发言内容在班级分享，任课教师对其分享内容进行点评和总结。

【活动资料】

视频资源、多媒体教室。

【活动反思】

观后感
题目：
正文：
教师点评：

项目二　学思践悟——学宪法 讲宪法

【活动主题】

弘扬宪法精神　坚定法治信仰

【活动目的】

宪法是国家的根本法，是治国安邦的总章程，适用于国家全体公民。宪法规定国家的根本任务和根本制度，即社会制度、国家制度的原则和国家政权的组织形式，以及公民的基本权利和义务等内容。党的十八届四中全会提出了坚持依法治国首先要坚持依宪治国的要求，全国人大常委会以立法形式设立了全国宪法日。设立国家宪法日的目的在于向社会传播宪法精神，用宪法凝聚社会共识。

习近平总书记指出："一个现代化国家必然是法治国家。"法治建设是中国式现代化的内在要求和重要保障。大学生通过学习宪法，不断提高自身的法律意识，增强爱国意识，维护自身权利和积极履行义务，更好地投入社会主义法治建设中。同时，增强对宪法和法律的敬畏感、责任感、使命感，维护宪法尊严，彰显宪法权威。

法治兴则国兴，法治强则国强。良法善治，民之所向。希望每一名大学生都能知宪法于心，守宪法于行，让宪法意识在心中生根发芽。

【活动安排】

1. 以学习小组为单位，选择一个领域收集相关文字、图片等资料，制作法律宣传手抄报（A3纸一张）。

2. 要求：自主设计内容和版面，内容准确、主题明确，富有教育意义，且版面新颖美观，题目自拟。

3. 作品完成后在班级展示，学生投票选出优秀作品并由任课教师给予点评。

4. 在宪法宣传月进行校内展板展示，并以采访、照片或视频的方式对展示活动进行记录。

【活动评价】

活动展示和评比以小组为单位，每组选手展示后，教师根据投票和考核标准评出等级。

手抄报制作考核表

考核评价内容	教师评分	评价标准（满分 100 分）	考核等级
主题鲜明、内容准确（25 分）		优：≥ 90 分 良：75~89 分 中：60~74 分 差：< 60 分	
版面设计新颖美观（25 分）			
图片美观大方（20 分）			
书写工整、清晰（20 分）			
其他（10 分）			
教师点评：			

校园展示活动考核表

考核评价内容	教师评分	评价标准（满分 100 分）	考核等级
展板制作美观，具有吸引力（25 分）		优：≥ 90 分 良：75~89 分 中：60~74 分 差：< 60 分	
展板内容清晰、有条理（25 分）			
展示活动丰富有趣（20 分）			
主题明确，富有教育意义（20 分）			
其他（10 分）			
教师点评：			

小组分工
设计：   制作：
成员心得体会

经典故事

习题练习

一、单项选择题

1.法律作为上层建筑的重要组成部分不是凭空出现的,而是产生于特定社会(　　)基础之上。

A.物质生活条件

B.文化生活条件

C.政治权力

D.统治阶级意志

2.法律所体现的统治阶级意志并不是统治阶级意志的全部,仅仅是上升为(　　)的那部分。

A.全民意志

B.国家意志

C.党的意志

D.工人阶级意志

3.关于社会主义法律,下列说法不正确的是(　　)。

A.是最广大人民群众意志的集中体现

B.是实现人民当家作主、实行人民民主专政的重要保证

C.有着与以往剥削阶级类型法律制度相同的经济基础与阶级本质

D.反映了社会主义生产关系的本质要求

4.在法律运行中,最大量、最经常的工作指的是(　　)。

A.立法

B.守法

C.行政执法

D.司法

5.国务院有权根据(　　)制定行政法规。

A.宪法和法律

B.宪法

C.法律

D.党的决定

6.我国立法贯穿公正、公平、公开原则,坚持科学立法、民主立法、依法立法,表达(　　)的共同意志和诉求。

A.各政党

B.人民

C.各阶级

D.全体社会成员

7.我国现行宪法于(　　)年,在五届全国人大五次会议上通过。

A.1954

B.1975

C.1982

D.2018

8."立善法于天下,则天下治;立善法于一国,则一国治。"这句话指的是(　　)。

A.科学立法

B.严格执法

C.公正司法

D.全民守法

9."理国要道,在于公平正直。"这句话指的是(　　)。

A.科学立法

B.严格执法

C.公正司法

D.全民守法

10.决定人民是国家主人的国家制度是(　　)。

A.人民民主专政制度

B.全国人民代表大会制度

C.人民代表大会制度

D.民主集中制

11.法律上的自由平等观念中最为核心的内容是（　　）。

A.依法享有和行使自由的观念

B.遵守社会公德的观念

C.依法享有和行使自由的观念、法律面前人人平等的观念

D.约束不法行为

12.建设中国特色社会主义法治国家，必须一手抓法治、一手抓德治，坚持依法治国和以德治国相结合。这是（　　）。

A.由法治和德治的实现方式的一致性决定的

B.由法治和德治的实施载体的一致性决定的

C.由法律规范和道德规范约束作用的内在要求和表现形式的一致性决定的

D.由社会主义法律和社会主义道德性质、作用和目标上的一致性决定的

13.有力的法治保障体系是建设中国特色社会主义法治体系的重要内容，它包括（　　）。

A.立法和监督保障

B.政治和组织保障

C.人才和物质条件保障

D.法治意识和法治精神保障

14.关于法律面前人人平等，下列说法不准确的是（　　）。

A.平等享受公民权利、平等履行公民义务

B.一切违反宪法法律的行为都必须平等予以追究

C.只要是公民有诉求，就应当得到平等对待

D.只要是合法权益，就应当依法得到平等保护

15.关于权力制约，下列表述不准确的是（　　）。

A.权力由法定，即法无授权不可为，是指国家机关的职权必须来自法律明确的授予

B.有权必有责，是指国家机关在获得权力的同时必须承担相应的职责和责任

C.用权受监督，是指国家权力的运行和行使接受法律监督部门的监督

D.违法受追究，是指国家工作人员违法行使权力必须受到法律的追究和制裁

16."要用实际行动捍卫法律尊严，保障法律实施。参与社会活动，实施个人行为，都要以法律为依据，不得违反法律规范"是（　　）的基本要求。

A.信仰法律

B.遵守法律

C.服从法律

D.维护法律

17.（　　）是坚持和发展中国特色社会主义的本质要求和重要保障，是国家治理的一场深刻变革。

A.全面从严治党

B.全面依法治国

C.全面深化改革

D.全面制定方针政策

18．2020年11月，习近平总书记在中央全面依法治国工作会议上的重要讲话中，用（　　）对全面依法治国进行了系统阐释和部署。

A.十一个坚持

B.十个治国理念

C.十个新突破

D.十一个创新

19.走中国特色社会主义法治道路，是由我国社会主义（　　）决定的。

A.国家性质

B.社会制度

C.人民主体地位

D.经济制度

20.中华法系开始形成于（　　）。

A.秦朝

B.汉朝

C.唐朝

D.新中国

21.我国宪法是国家的根本法，是（　　）的集中体现。

A.国家根本制度

B.中华民族团结

C.党和人民意志

D.中国政治体制

22.培养法治思维的前提是（　　）。

A.学习法律知识

B.掌握法律方法

C.参与法律实践

D.养成守法习惯

23.以法治价值和法治精神为导向,运用法律原则、规则和方法思考和处理问题的思维模式是( )。

A.法治思维

B.法治理念

C.法律思维

D.法律意识

24.我国宪法明文规定:"任何公民享有宪法和法律规定的权利,同时必须履行宪法和法律规定的义务。"这体现了( )。

A.权利是第一位的,公民必须享有权利,但不一定履行义务

B.义务的履行必须在享有权利的前提下进行

C.权利与义务密不可分、相互依存、互利共赢

D.权利与义务本质上是对立的,实质上二者不存在任何关联

25.社会主义法治国家公民应当具备的基本法治观念是( )。

A.法律上的自由平等观念

B.法律上的公平正义观念

C.社会主义民主法治观念

D.法律权利与义务观念

二、多项选择题

1.关于法律的产生与发展,下列说法正确的是( )。

A.法律不是从来就有的,也不是永恒存在的

B.法律不是从来就有的,但会永恒存在下去

C.法律随着私有制、阶级和国家的产生而产生

D.法律随着私有制、阶级和国家的消亡而消亡

2.奴隶制法律的主要特征有( )。

A.具有明显的原始习惯残留痕迹

B.否认奴隶的法律人格

C.存在严格的等级划分

D.刑罚方式极其残酷

3.封建制法律的基本特征有( )。

A.确立农民对封建地主的人身依附关系

B.维护专制皇权

C.实行封建等级制度

D.刑罚严酷

4.资本主义法律的基本特征主要体现为( )。

A.与资本主义私有制相适应的私有财产神圣不可侵犯原则

B.与资本主义市场经济相适应的契约自由原则

C.与资本主义民主政治相适应的法律面前人人平等原则

D.与资产阶级人道主义相适应的人权保障原则

5.立法活动必须遵循法定程序,就全国人民代表大会的立法程序而言,大体包括( )环节。

A.法律案的提出

B.法律案的审议

C.法律案的表决

D.法律的公布

6.行政执法是法律实施和实现的重要环节,必须坚持( )等基本原则。

A.合法性

B.合理性

C.信赖保护

D.效率

7.我国司法的基本要求是( )。

A.正确

B.合法

C.合理

D.及时

8.我国司法原则主要有( )等。

A.司法公正

B.公民在法律面前一律平等

C.以事实为依据,以法律为准绳

D.司法机关依法独立行使司法权

9.我国宪法规定:"中国共产党领导的多党合作和政治协商制度将长期存在和发展。"这一制度符合中国国情,反映了中国共产党同各民主党派(　　)的关系。

A.长期共存

B.互相监督

C.肝胆相照

D.荣辱与共

10.民族区域自治制度体现了国家的集中统一和民族区域自治的正确结合,体现了全国各民族人民的共同利益和少数民族特殊利益的正确结合。它可以(　　)。

A.促进少数民族地区尽快发展

B.促进全国各民族的共同繁荣昌盛

C.促进民族团结,保证国家统一,有利于加强边疆建设和巩固国防

D.保证少数民族当家作主,更好地管理本民族的内部事务

11.民事活动除遵循民事主体地位平等、自愿、公平、诚信、公序良俗等基本原则以外,还应遵循(　　)原则。

A.有利于节约资源

B.保护生态环境

C.赔礼道歉

D.罪刑法定

12.行政法是关于行政权的授予、行政权的行使,以及对行政权监督的法律规范,调整的是行政机关与行政管理相对人之间因行政管理活动发生的关系,遵循(　　)等原则。

A.职权法定

B.程序法定

C.公正公开

D.有效监督

13.社会法是调整(　　)等方面的法律规范。

A.劳动关系

B.社会保障

C.社会福利

D.特殊群体权益保障

14.我国刑法规定了(　　)等基本原则。

A.保障人权

B.罪刑法定

C.法律面前人人平等

D.罪刑相适应

15.下列各项中,(　　)是我国刑法规定的主刑。

A.管制

B.剥夺政治权利

C.有期徒刑

D.拘役

16.走中国特色社会主义法治道路,必须坚持(　　)。

A.中国共产党的领导

B.人民主体地位、法律面前人人平等

C.依法治国和以德治国相结合

D.从中国实际出发

17.在社会主义法治中,坚持人民主体地位,必须坚持法治建设(　　),以保障人民根本权益为出发点和落脚点,保证人民依法享有广泛的权利和自由、承担应尽的义务,维护社会公平正义,促进共同富裕,为保证人民当家作主提供坚实的法治基础。

A.为了人民

B.依靠人民

C.造福人民

D.保护人民

18.关于法治思维,下列说法中正确的是(　　)。

A.是一种正当性思维

B.是一种规范性思维

C.是一种可靠的逻辑思维

D.是一种符合规律、尊重事实的科学思维

19.法律是否具有权威,取决于(　　)等基本要素。

A.法律在国家和社会治理体系中的地位和作用

B.法律本身的科学程度

C.法律在实践中的实施程度

D.法律被社会成员尊崇或信仰的程度

20.关于法律权利,下列说法中正确的是(　　)。

A.法律权利的内容、种类和实现程度受社会物质生活条件的制约

B.法律权利的内容、分配和实现方式因社会制度和国家法律的不同而存在差异

C.法律权利不仅由法律规定或认可,而且受法律维护或保障,具有不可侵犯性

D.法律权利必须依法行使,不能不择手段地行使

21.关于法律义务,下列说法中正确的是( )。

A.法律义务是历史的

B.法律义务源于现实需要

C.法律义务必须依法设定

D.法律义务可能发生变化

22.政治权利主要包括( )。

A.选举权利

B.表达权

C.民主管理权

D.人身自由权

23.人身权利主要包括( )。

A.生命健康权

B.人格尊严权

C.通信自由权

D.住宅安全权

24.财产权利是指公民、法人或其他组织通过劳动或其他合法方式取得财产和( )财产的权利。

A.占有

B.使用

C.收益

D.处分

25.社会经济权利主要包括( )。

A.劳动权

B.休息权

C.社会保障权

D.物质帮助权

三、判断题

1.法律从来就有,随着私有制、阶级和国家的出现而逐步完善。 ( )

2.法律在社会生活中只有阶级统治这一种职能。   （   ）
3.法律不但由国家创制，而且由国家保证实施，也就是说，法律具有国家强制性。
                                                        （   ）
4.法律所体现的统治阶级意志，并不是其全部，而仅仅是上升为国家意志的那部分。
                                                        （   ）
5.原则性与灵活性相结合，这是我国法律创制的一个原则。   （   ）
6.法律制定是国家对权利和义务，即社会利益和负担进行的权威性分配。（   ）
7.公民应该与违法犯罪行为作斗争，由此公民有权利执行法律。 （   ）
8.宪法作为国家的根本法，和普通法一样都代表统治阶级的意志，都是阶级统治的重要工具。   （   ）
9.宪法之所以是国家的根本法，是因为它是由全国人民代表大会制定的。（   ）
10.形成中国特色社会主义法律体系，是依法治国的前提和基础。 （   ）
11.法治意味的不只是单纯的法律存在，它还指一种法律和政治的愿望，即创造"一种法律的统治而非人的统治"。   （   ）
12.依法治国的基本含义是依据法律而不是个人的旨意管理国家和社会事务，实行的是法治而不是人治。   （   ）
13.依法治国是社会主义法治的核心内容。   （   ）
14.党的领导是实现社会主义法治的根本保证和强大推动力量。 （   ）
15.社会主义法治理念是中国传统法律思想的直接延续。   （   ）
16.法治与德治的思维内涵是一致的。   （   ）
17.司法救济是人权保障的最后防线。   （   ）
18.在民主和法治的国家里，国家的一切权力来源于人民，国家机构的权力是由人民赋予的。   （   ）
19.设立国家权力的目的，在于为人民服务、为权利服务。   （   ）
20.法律上的平等观念最为核心的是法律上人人平等的观念。   （   ）

四、简答题

1.全面依法治国的基本要求是什么？

2.我国宪法的地位和基本原则是什么？

3.尊重和维护法律权威的基本要求有哪些？

扫一扫 看答案